课题项目：东莞理工学院城市学院青年教师发展基金项目《海洋生态修复制度立法体系研究》，项目编号：2019QJY015R

生态文明视域下的生态修复法律制度研究

许利娟　著

中国商业出版社

图书在版编目（CIP）数据

生态文明视域下的生态修复法律制度研究 / 许利娟著. -- 北京 : 中国商业出版社, 2020.12
ISBN 978-7-5208-1485-0

Ⅰ. ①生… Ⅱ. ①许… Ⅲ. ①生态修复 – 环境保护法 – 研究 – 中国 Ⅳ. ①D922.680.9

中国版本图书馆CIP数据核字(2020)第250235号

责任编辑：王　静

中国商业出版社出版发行
010–63180647　www.c–cbook.com
（100053　北京广安门内报国寺 1 号）
新华书店经销
定州启航印刷有限公司印刷
*
710 毫米 ×1000 毫米　16 开　10.75 印张　200 千字
2020 年 12 月第 1 版　2020 年 12 月第 1 次印刷
定价：56.00 元

*　*　*　*

前　言

自20世纪以来，随着科技水平的提高，人们开发利用生态环境资源的能力得到提升，但是在开发利用中对生态环境的污染和破坏也日趋严重。生态环境既是关系党的使命宗旨的重大政治问题，也是关系民生的重大社会问题。我们党历来高度重视生态环境保护，把节约资源和保护环境确立为基本国策，把可持续发展确立为国家战略。回应人民群众所想、所盼、所急，大力推进生态文明建设，提供更多优质生态产品，不断满足人民日益增长的优美生态环境需要。

"防治"生态环境问题，不能一味强调"防"，还要配合"治"。针对已经受损的生态环境，我们必须对其进行"修复"。20世纪是环境污染和破坏集中大规模发生的世纪，21世纪则是一个环境恢复与再生的世纪，人们无论是开发、利用还是保护生态环境，其方式和手段都是同向演进的。生态修复指通过对受损的生态环境予以修复，使生态系统获得恢复和平衡的能力，维持其可持续发展，从而实现人与自然的和谐相处，最终实现人类社会经济的可持续发展，实现生态文明。

我国现行的环境立法还普遍侧重于自然资源的利用和对环境污染、生态破坏的预防等方面，而对于已经受损的生态环境的修复则关注不够，即使现有的有关大气、水、固体废物等方面的污染防治等法律规范，也大多强调"防"而非"治"，而有关"治"的法律规定也大多是"头痛医头，脚痛医脚"，缺乏对生态系统整体性的考虑，缺乏对因环境破坏产生的人与人、人与自然之间关系的考量。因此，现行有关生态修复的法律规范无论是从立法理念，还是从法律规范、法律制度来看，都已经远不能应对日益严重的生态危机，根本无法满足当今生态恢复和环境再生的时代需求。加强我国生态修复方面的立法是我国未来环境立法的新方向，也是国家政策性要求。

本书共包括七章。第一章指出生态文明的内涵及生态文明建设对生态修复工作的要求，进而提出生态修复属于生态文明建设要求之下的良法之治。第二章通过分析生态保护现状认为，目前进行生态修复具有现实和法律的必要性及充分性。生态修复属于复杂的系统性工程，应当将其纳入法律制度框架之内，以法律制度来保障其有效实施。第三章是关于生态修复法律制度基本理论的研究：界定了生态修复的基本概念，分析了生态修复的立法现状，并指出了生态修复立法的法理基础和生态修复立法秉持的基本原则。第四章着重分析生态修复的法律制度属性。相对于事先预防性的生态环境保护法律制度，生态修复制度属于事后性的制度，是在生态正义、生态文明、生态价值等基本理念指引下，具有独立性、普遍性和完整性，应当成为生态保护领域的基本法律制度。该制度有丰富的制度内容填充和配套的实施机制、司法实践活动的映射等。第五章属于生态修复法律制度的内容填充部分，论述了生态修复主体制度。生态修复的主体包括义务型主体（国家）、责任型主体（生态损害责任者）和权利型主体（社会第三方机构）。本章分别论述了三类主体在生态修复中的权利、义务、责任，以及关于生态修复主体法律制度存在的问题及制度建设的完善建议。第六章论述了生态修复的目标和各项保障机制的完善，包括资金、科技、司法等各项保障机制。第七章通过分析海岸带、矿区和海岛生态修复的具体实践情况，提出一些具有共性的问题，如欠缺生态修复的管理和调控机制、执法不力、资金难以保障等，并提出了具体的完善建议。

目 录

第一章　生态修复与生态文明

第一节　生态文明建设对生态修复工作的要求

一、生态文明的概念和内涵

“生态文明”是具有丰富内涵的独立概念，是由“生态”与“文明”两个基本概念构成的复合词。“生态”是指生命体与其周围生态的相互关系。生态包括非生物的无机生态和生物生态，前者如水、温度、阳光，后者包括其他有机生物。生态中生命体与非生物生态相互作用，生命体之间也相互作用：竞争、捕食、寄生或互利共生。20 世纪中后期，生态问题日益突出，人们越来越认识到，当今世界已经不存在纯粹意义的自然生态，已经不能排除人为因素的影响来研究纯粹的自然生态。这种现实要求将自然生态和人类社会作为一个统一的复杂系统来看待。于是，生态的内涵由我们传统所理解的除去人类之外的生命体加无机生态的传统、单一的自然生态范畴发展为包含人类在内的“自然生态 + 社会生态”的复杂综合范畴。

“文明”是指社会的文化、进步、光明的状态。“文明”显示一个社会发展的过程和状态。这种过程和状态有很多决定因素，如意识形态、技术水准、礼仪习惯、法律规范等。

“生态”与“文明”组合而成的“生态文明”是一种新的文明模式，是衡量人与自然关系的新的价值尺度，反映了人类对待其与生态自然关系的态度的变化。概括地讲，生态文明就是体现生态和谐的人类社会文明形态，具体指人、自然生态、社会三者和谐共生、良性循环、全面发展的一切积极、进步成果的总和。生态文明是可持续发展理论的升华，比可持续发展的关照点更加全面丰富。可持续发展更多地立足于人的需求，强调自然生态支持应当可持续地满足人的需求、发展，而生态文明强调整个生态的可持续发展。

二、党和国家高度重视以生态修复法律制度建设促进生态文明建设

（一）党和国家对生态文明建设的指导思想

习近平在 2018 年 5 月 18 日全国生态环境保护工作会议上强调了生态文明建设的重要作用，并指出了生态文明建设应当坚持的基本原则。习近平特别强调了生态修复对生态文明建设的重要作用，生态文明建设包括生态修复工作，一定不能离开法律制度建设的保驾护航。

自党的十八大以来，我们党深刻回答了为什么建设生态文明、建设什么样的生态文明、怎样建设生态文明的重大理论实践问题，提出了一系列新理念、新思想、新战略。坚持人与自然和谐共生，人与自然是生命共同体，人类对大自然的伤害最终会伤及人类自身，这是无法抗拒的规律。

绿水青山既是自然财富、生态财富，又是社会财富、经济财富。对生态破坏严重、环境质量恶化的区域必须严肃问责。要从系统工程和全局角度寻求新的治理之道，不能再是头痛医头、脚痛医脚，各管一摊、相互掣肘，而必须统筹兼顾、整体施策、多措并举，全方位、全地域、全过程开展生态文明建设。

在整个发展过程中，我们都要坚持节约优先、保护优先、自然修复为主的方针，不能只讲索取不讲投入，不能只讲发展不讲保护，不能只讲利用不讲修复，要像保护眼睛一样保护生态环境，像对待生命一样对待生态环境，多谋打基础、利长远的善事，多干保护自然、修复生态的实事，多做治山理水、显山露水的好事，让群众望得见山、看得见水、记得住乡愁，让自然生态美景永驻人间，还自然以宁静、和谐、美丽。要深入实施山水林田湖草一体化生态保护和修复，开展大规模国土绿化行动，加快水土流失和荒漠化、石漠化综合民生治理。

保护生态环境必须依靠制度、依靠法治。我国生态环境保护中存在的突出问题大多同体制不健全、制度不严格、法治不严密、执行不到位、惩处不得力有关。要加快制度创新，完善制度配套，强化制度执行，让制度成为刚性的约束和不可触碰的高压线。要严格用制度管权治吏、护蓝增绿。①

（二）党和国家对生态修复制度建设的指导思想

党和政府一直重视促进生态文明的制度体系建设，《中共中央　国务院关于加快推进生态文明建设的意见》强调“健全生态文明制度体系”。生态文明建设的制度体系应当由一系列特定的制度所组成，由调整生态文明建设的特定

① 蔡守秋．生态文明建设的法律和制度 [M]. 北京：中国法制出版社 ,2017:93.

社会关系的一系列法律规范所组成。修复受损的生态系统是党和国家提出的生态文明建设方针的具体实践，生态修复制度则是这一系列制度的重要组成部分。《中共中央关于全面深化改革若干重大问题的决定》要求，加快建立生态文明制度。

大力推进生态文明建设是关系人民福祉、关乎民族未来的长远大计。面对资源约束趋紧、环境污染严重、生态系统退化的严峻形势，必须树立尊重自然、顺应自然、保护自然的生态文明理念，把生态文明建设放在突出地位，融入经济建设、政治建设、文化建设、社会建设各方面和全过程，坚持节约资源和保护环境的基本国策，坚持节约优先、保护优先、自然修复为主的方针，要实施重大生态修复工程，增强生态产品生产能力，推进荒漠化、石漠化、水土流失综合治理，扩大森林、湖泊、湿地面积，保护生物多样性。深化资源性产品价格和税费改革，建立反映市场供求和资源稀缺程度、体现生态价值和代际补偿的资源有偿使用制度和生态补偿制度。

党的十八届三中全会公报指出，建设生态文明，必须建立系统完整的生态文明制度体系，用制度保护生态环境。要健全自然资源资产产权制度和用途管制制度，划定生态保护红线，实行资源有偿使用制度和生态补偿制度，改革生态环境保护管理体制。

党的十八届五中全会公报指出，促进人与自然和谐共生，构建科学合理的城市化格局、农业发展格局、生态安全格局、自然岸线格局，推动建立绿色低碳循环发展产业体系……筑牢生态安全屏障，坚持保护优先、自然恢复为主，实施山水林田湖生态保护和修复工程，开展大规模国土绿化行动，完善天然林保护制度，开展蓝色海湾整治行动。

党的十九大报告指出，坚持全民共治、源头防治，持续实施大气污染防治行动，打赢蓝天保卫战。加快水污染防治，实施流域环境和近岸海域综合治理。党的十九大报告提出了新时代中国特色社会主义环保思想和基本方略：坚持人与自然和谐共生。建设生态文明是中华民族永续发展的千年大计。必须树立和践行绿水青山就是金山银山的理念，坚持节约资源和保护环境的基本国策，像对待生命一样对待生态环境，统筹山水林田湖草系统治理，实行最严格的生态环境保护制度。党的十九大报告还提出了接下来几年的环保重点工作领域，其中事关生态环境修复的要求包括：①着力解决突出环境问题……加快水污染防治，实施流域环境和近岸海域综合治理。强化土壤污染管控和修复……提高污染排放标准，强化排污者责任，健全环保信用评价、信息强制性披露、严惩重罚等制度。构建政府为主导、企业为主体、社会组织和公众共同参与的环境治理体系。②加大生态系统保护力度。实施重要生态系统保护和修复重大工程，优化生态安全屏障体系，构建生态廊道和生物多样性保护网络，提升生态系统质量和稳定性……强化湿地保护和修复，加强地质灾害防治……健全耕地、草原、森林、河流、湖泊休养生息制度，建立市场化、多元化生态补偿机制。③改革生态环境监管体制。加强对生态文明建设的总体设计和组织领导，设立国有自然资源资产管理和自然生态监管机构，完善生态环境管理制度，统一行使全民所有自然资源资产所有者职责，统一行使所有国土空间用途管制和生态保护修复职责。

《全国生态保护“十三五”规划纲要》指出，现阶段，我国面临的主要生态问题：一是生态空间遭受持续威胁；二是生态系统质量和服务功能低；三是生物多样性加速下降的总体趋势尚未得到有效遏制。

2015年实施的新《中华人民共和国环境保护法》(以下简称《环境保护法》)提出“综合治理”的原则，生态修复整治工作就是对这项基本原则的贯彻实施。除了“综合治理”这项基本原则之外，本法第三十条规定：“开发利用自然资源，应当合理开发，保护生物多样性，保障生态安全，依法制定有关生态保护和恢复治理方案并予以实施。”此条属于强制性规定，要求各主体在开发利用生态资源过程中须进行生态修复治理。

第二节　生态修复是基于生态文明建设的良法之治

一、生态修复是生态文明建设的主要措施之一

从马克思主义的生态文明观来看，生态文明建设至少应当包括两个方面的内容：一是维护生态系统整体平衡以促进社会可持续发展；二是在社会经济可持续发展的前提下实现对生态系统平衡的更好维护。可见，马克思主义生态文明观认为生态系统平衡的维护是以人类社会福祉为最终目标的。这对我国生态文明建设提出了宏观要求：一是利用社会经济发展积累的物质基础，通过修复或重建生态系统平衡，实现环境污染的有效治理和人类生存环境的根本改善；二是在实现生态系统平衡和人类生存环境巨大改善的条件下更好地促进社会经济的可持续发展。这两个方面的要求决定了生态文明建设措施选择的基本标准。基于上述认识，生态修复当然就能够成为生态文明建设的有效措施之一。

首先，生态文明建设要求自然得到修复，即使生态系统依靠自身或人为的

作用获得修复和重建平衡的能力，达到使自然休养生息的目的。这一过程正是生态修复的主要功能之一。

生态系统平衡的修复或重建包括两方面内容：一是通过自然本身的修复能力，使受损的生态系统获得一定程度的修复。但是，这种修复在某些状态下又是难以实现的，有时不得不通过人工的科学促进手段使之更快更好地完成，并且在难以修复的时候还要重建生态系统的平衡。二是在生态系统平衡修复或重建伊始就通过人工技术手段，建立更加符合社会经济可持续发展要求的生态系统平衡状态，这种状态的实现主要是通过生物（包括微生物）修复、物理修复、化学修复和植物修复的方式加以完成的。如果更直观地说，就是目前各地普遍采取的封山育林、水土保持和土地复垦等。修复的这些手段集中回应了生态文明建设在自然层面的措施要求，表明生态修复是生态文明建设重要的自然措施。

其次，生态文明建设要求社会经济在生态系统平衡修复或重建状态下能够更好地实现可持续发展，这是生态文明社会在修复层面的基本要求。生态修复对这一要求也进行了恰当的回应。生态修复就是通过修复或重建生态系统平衡达到维护自然权利的目的。

由于人是整个生态系统中不可或缺的一部分，因而生态修复从其实施主体到最终受益的对象无不包含了人的因素，在生态修复体现其自然属性的同时是对其社会本质属性的诠释。生态修复始终是以人类社会的福祉为其存在目的，不论是对于自然的维护还是对于社会经济的促进，都是以社会经济能够实现可持续发展状态为使命。离开社会谈论生态修复，甚至是谈论生态环境保护本身都是毫无意义的。

因此，生态修复以其鲜明的社会属性成为生态文明建设的主要措施。综上所述，生态修复不论是从自然方面还是社会方面的建设目的来说都能够作为生态文明建设的主要措施之一。

二、生态修复法律制度是实现生态文明建设的良法之治

生态文明的内涵与要求同法律制度是同向演进的。生态文明不同于工业文明对自然界的污染与破坏，它以保护生态为基础，以保持生态平衡为首要任务，以绿色科技和生态生产为重要手段，以人与生态共生共荣为决策、行为实践的指南，以人对自然的自觉关怀和强烈的道德感、使命感为内在约束机制。所有的生态文明的要求都是最终要落实在通过制度来保障的。

制度体现的是社会关系。从历史逻辑看，制度和文明密切相关，没有制度

的保障与推进，就没有稳定有序的社会生活，更谈不上文明。文明在很大程度上是由一个社会的政治、经济、技术和文化的制度决定的，当然也包括法律制度。凡是制度都应当具有规范性、有效性、可操作性。以历史唯物史观来观察考虑，制度与文明的发展具有同向性，文明与制度路径在不断演进的过程中相互促进，文明的进步内在地推动制度创新，制度创新也有效地推动文明的进步。制度变迁路径呈现出向着兼顾社会效益、经济效益、生态效益的方向发展。

人类文明史不仅是友好对待同类的历史，也是文明地对待自然生态的历史。从辩证法的角度看，人类的文明进步不是自己评价的主观过程，而是一个可以用自然生态状况进行旁证的客观过程。人类的文明在自然生态的状态和变化上客观地再现着。经济、社会的高速发展也严重损害着生态，千疮百孔的自然生态诉说的不可能是生态文明。“亡羊补牢，犹未晚也。”技术的进步带给自然生态的损害同样可以通过技术的运用得到弥补、修复甚至改善。这里的技术不仅包括自然科学技术，还包括社会层面的技术，如立法技术。生态修复法律制度是生态利益的正当化及法权化的表达形式。

生态修复是系统工程必须通过立法形成制度性的保障，才能保证生态修复工作有序、有效地开展，进而实现生态文明。

生态文明建设是一个全面的生态环境善治的过程，这一过程本身就需要管理方法和政策体系的创新，而“环境善治”理念的引入恰恰为此提供了优良的制度建构土壤。“环境善治”是近 10 年来国际上倡导的改革环境管理方法的理论和政策体系。环境善治理论的主要思想是要在环境保护中充分发挥相关各方的作用，并充分利用法律、行政、经济和社会手段，改变环境保护仅由政府（特别是由环境保护部门）独力举办并过分依赖行政手段的局面。环境善治倡导的手段主要有有效的法律、有权威和有效率的政府、政府与企业的伙伴关系、政府问责制、下放权力、发挥社会机构的作用、公众参与环境管理、环境信息公开化等。环境善治是生态环境保护治理的一种较为新颖的管理理论，这种理论也是生态文明建设所需要的。善治强调了有效的法律这一主要手段，法律也确实是制度建构的前提和保障，生态修复法制化就成为相关制度建构的必由之路。

生态文明建设要求的善治是一种良法治理的状态，而良法是一种法制的理想状态，这种状态不仅在于理论的创设，更在于实践的检验。生态文明建设要求下的生态修复良法应当具备三个最主要标准：一是应全面发挥教化与惩戒的双重立法作用，并体现其最本质的公益；二是应当顺应生态文明建设的需要建构生态修复法制体系；三是应体现社会经济发展实际情况，允许不同标准的存在。当然，关于生态修复良法的标准还有程序正义、形式正义等，但上述三个标准能够反映生态修复法制建设的最鲜明特征。

良法给法制建设提供了标准，生态修复良法也为生态修复法制化指明了方向。首先，全面发挥法的教化与惩戒双重作用是生态修复法制处理人与自然关系所具体要求的。其次，生态修复良法要体现最本质的公益。再次，法应时而立，生态文明下的生态系统平衡的维护对生态环境保护立法提出了新的更高要求。原有的以工业文明为代表的环境保护和资源保护类法律显然已经不能适应整体维护生态系统的社会实际要求。因此，生态修复良法要求生态修复法制化过程中必须更新原有的仅仅强调某种环境元素或生态要素的恢复治理、土地复垦治理等阶段性治理理念，从生态系统整体着眼，探索适应生态文明建设要求并体现对自然和社会“全面关爱”的生态修复法制途径。最后，法应势而立，即法应当根据实际情况，因地制宜。良法应当体现分配正义，这种分配正义往往是针对地区社会经济发展不平衡而产生的。我国的基本国情依然是地区社会经济发展不平衡，并且在一段时期内难以根本改变。如果一刀切似的制定统一的生态修复标准，将难以体现对受损生态系统区域内公众权益的分配正义。这就需要在生态法制化过程中，使生态修复的标准更加因地制宜。同时，生态修复的主体应当多元化，主体的义务也应当有多种承担方式。这主要是因为，许多情况下，资源开发引发的生态系统失衡是一种较为普遍的状态，而这种资源开发的受益方是多方面的，不仅包括资源开发方本身，也包括未开发地区一方，甚至在这些资源开发中国家才是最大受益者，因此让某一方承担生态修复义务是不公平也是不正义的。分配正义就是要使受损生态系统所在区域内的人群，获得与发达地区相似或者相同的经济发展机遇或状态。这也是生态修复的社会属性所要求的，更是生态文明建设的本质性要求。

三、生态文明建设要求下生态修复法律制度的作用

通过前面对生态修复良法和生态修复法制化方向的讨论可以看出，生态修复法制化对生态文明建设具有至关重要的作用。法治是社会有序发展的根本保证，而法制又是法治的前提。生态修复良法标准下的生态修复法制化发展趋势更是生态文明有序建设的保障。

（一）生态修复法制化是实现生态文明建设中自然方面内容的保证

生态修复本身就是一种自然修复的手段和技术形态，只不过这种技术形态是以人为主要动力和执行力的。没有人类社会有序地研究和开发并实施这些生

态修复技术，自然的修复将是缓慢和无法满足人类可持续发展需要的。因此，通过一定的法制化标准使相应的技术指标能够有序、合理从而更好地为社会建设服务，这是一种良法之治的表现。换句话说，就是生态修复有了较为合理的标准和制度运行规制体系，生态修复相应的实施步骤和程序才能有所保证，也正是这些相应制度的运行，才能使生态修复工程正常有序运行，生态修复的主体、生态修复的管理者和监督者才能明确，生态修复工程所需要的各种资金才能有所保障。以此为基础，在生态修复工程广泛开展的前提下，生态文明建设才能够有序和有效开展，其自然修复的目标才能够尽快实现。

（二）生态修复法制化是生态文明建设中“文明”的体现

生态文明是继物质文明、精神文明与政治文明之外的另一种更高层次的文明，也是人类在社会经济发展状态下，对于外在自然的一种新的享受。法制是文明的保障，正是由于法制的存在文明才具有了不断发展的可能。因此，作为生态文明建设主要措施的生态修复的法制化进程，将为这一文明状态下的社会建设提供有力的保障。生态修复法制是生态文明的强心剂，正是生态修复法制对于激励的强调与运用，才使生态文明有了另一番动力。与原有的强制性惩罚措施相比，生态修复法的激励更彰显一种人性的引导和经济文明的刺激，是精神文明与物质文明更高阶段的产物。这种更高层次的文明能够适应社会经济发展的高级形态，人们也更愿意接受这种引导。

（三）生态修复法制化的目的就是通过制度的运行，更好地实现生态文明的善治

生态文明建设的实质也就是实现人与自然的和谐相处，体现人与自然的协调与利益的均衡。善治的要求也就是使人与自然关系在法律的作用下更加能够达到利益博弈的共通点，实现双方利益最大程度上的均衡。法律产生的因素之一就是利益的博弈，这种博弈一则带来社会关系和各种利益的有效分配，二则带来人性文明抉择的最基本展示。生态文明就是人性文明在人与自然关系博弈中最新的体现，维护和善待自然就是善待人类社会本身，而以人类社会本身利益最大化的实现促进自然利益的维护则是生态文明善治的本意。因此，生态修复法制化通过修复自然与修复社会双重目标的实现，体现了人类利益最大化与自然利益维护之间的最均衡状态，是法律中利益博弈均衡形态的最基本体现。因此，生态修复法制化能够为生态文明建设善治要求提供最需要的法律制度。

（四）生态修复法制化为生态文明建设提供了实践的可能性

一方面，生态修复法制建设能够从制度建设上量化生态文明建设的各项要求，如权利要求和义务承担要求等；另一方面，生态修复法制化将生态文明建

设的最基本要求设定为最基本的社会道德标准，并使之上升为国家意志，取得了由理论到社会实践的强制力保障。另外，生态修复法制是环境保护法治建设的创新，是其在生态文明建设要求下的新发展。生态修复法制理念弥补了原有的环境保护法治建设中只注重惩罚不注重激励、只注重保护不注重修复的弊端，满足了环境保护法治向生态文明建设要求靠拢的现实要求。

第二章　生态修复的必要性和价值

第一节　生态修复的必要性

一、生态修复是改变我国生态污染破坏严峻的实然状态的迫切需要

生态系统应当具备健康和安全的应然状态，以其生态功能的良性保持支持人类社会的可持续发展。但是，目前我国生态系统的污染和破坏现状依然较为严峻。以下列环境要素的生态质量为例。

（一）*淡水资源污染现状*

2020 年 9 月，监测的 111 个重点湖（库）中，Ⅰ～Ⅲ类水质湖库个数占比 65.8%，同比上升 1.9 个百分点；劣Ⅴ类水质湖库个数占比 4.5%，同比下降 2.9 个百分点。主要污染指标为总磷、高锰酸盐指数和化学需氧量。106 个监测营养状态的湖（库）中，中度富营养的 6 个，占 5.7%；轻度富营养的 26 个，占 24.5%；其余湖（库）未呈现富营养化。其中，太湖、巢湖为轻度污染、轻度富营养，主要污染指标均为总磷；滇池为中度污染、中度富营养，主要污染指标为化学需氧量、总磷和高锰酸盐指数；洱海、丹江口水库水质为优、中营养；白洋淀为轻度污染、轻度富营养，主要污染指标为总磷、化学需氧量和高锰酸盐指数。与去年同期相比，洱海水质有所好转、营养状态无明显变化，丹江口水库、白洋淀、太湖、巢湖和滇池水质和营养状态均无明显变化。

2020 年 1—9 月，监测的 112 个重点湖（库）中，Ⅰ～Ⅲ类水质湖库个数占比 72.3%；劣Ⅴ类水质湖库个数占比 5.4%。主要污染指标为总磷、化学需氧量和高锰酸盐指数。109 个监测营养状态的湖（库）中，重度富营养的 1 个，占 0.9%；中度富营养的 6 个，占 5.5%；轻度富营养的 25 个，占 22.9%；其余湖（库）未呈现富营养化。其中，太湖、巢湖为轻度污染、轻度富营养，主要污染指标均为总磷；滇池为中度污染、中度富营养，主要污染指标为化学需氧量、总磷和高锰酸盐指数；洱海、丹江口水库水质为优、中营养；白洋淀为

轻度污染、轻度富营养，主要污染指标为化学需氧量、总磷和高锰酸盐指数。与去年同期相比，洱海水质有所好转，营养状态无明显变化；滇池水质和营养状态均有所下降；丹江口水库、太湖、巢湖和白洋淀水质和营养状态均无明显变化。

（二）海洋生态污染与破坏现状

相关资料显示，我国海域最近时期的整体状况：海水水质总体一般，排污口近端水域污染严重，典型生态系统健康状况较差，赤潮、绿潮影响有所改善，但次数没有明显减少；重点海岸段侵蚀触目惊心。

1.海水水质状况

《2019年中国海洋生态环境状况公报》显示，虽然个别区域水质有向好的趋势，但是四类和劣四类水质海域的污染状况没有任何改善，面积在100平方千米以上的44个大中型海湾中，一半以上海湾全年四季均出现劣四类海水水质。海水严重污染情况仍然集中在渤海湾、长江口、珠江口、辽东湾以及江苏、浙江、广东省部分近岸海域，如表2–1所示。

表2–1　全国近岸海域海水水质近期（2017、2018、2019年）状况表

年　份	水质总体情况	二、三、四类及劣四类水质点位比例	水质超标点位	水质差或极差海域	主要超标因子
2017	一般	34.1%、20.3%、15%、30.6%	渤海湾、长江口、珠江口、辽东湾以及江苏、浙江、广东省部分近岸海域	水质差：渤海湾、珠江口；水质极差：长江口、杭州湾和闽江口	无机氮、活性磷酸盐、石油类和化学需氧量
2018	一般	41.0%、10.3%、3.1%、13.2%	渤海湾、长江口、珠江口、辽东湾以及江苏、浙江、广东省部分近岸海域	水质差：渤海湾、珠江口；水质极差：长江口、杭州湾、闽江口、深圳、沧州、上海、宁波、嘉兴和舟山	无机氮、活性磷酸盐
2019	一般	33.3%、10.1%、6.5%、15.6%	辽东湾、渤海湾、黄河口、长江口、珠江口以及江苏、浙江、广东省部分近岸海域	水质差：渤海湾、黄河口、闽江口、天津、江苏和广东；水质极差：长江口、杭州湾、珠江口、上海和浙江	无机氮、活性磷酸盐

《2018 年中国海洋生态环境状况公报》同时给出了从 2001 年到 2017 年全国海域的总体海水水质情况，如图 2-1 所示。从此图可以总览出这些年受污染海域的面积和程度并没有改善，有些年份还有所恶化，如 2010 年和 2012 年的劣四类水质海域的面积占比较高。海水是海洋生态重要的生命支持系统，水质状况直接决定生态系统的健康状况。糟糕的水质状况导致生态系统退化，修复海洋生态系统首要的工作就是改善海水质量状况。

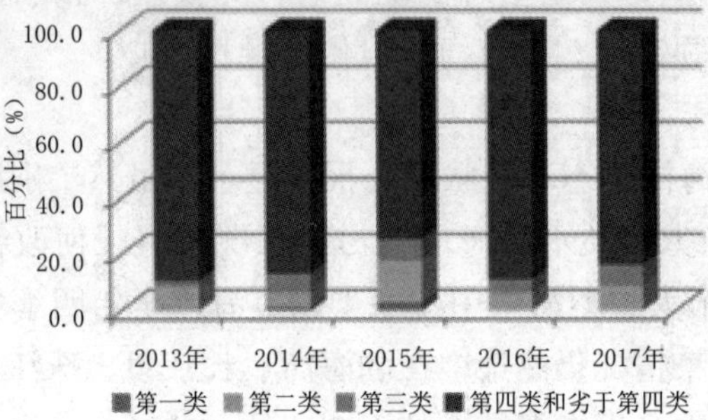

图 2-1　海水水质总体状况

2. 陆源入海排污口状况和排污口水质

近年来我国海域陆源入海污染压力仍较大。在枯水期、丰水期、平水期，多年连续监测的 55 条河流入海断面水质为劣四类的河流比例分别达 44%、42% 和 36%。入海排污口邻近海域环境质量状况无明显改善。临近排污口水质，2013—2017 年监测结果显示，历年均有 75% 以上的排污口临近海域水质登记为第四类和劣于第四类，水体中的主要污染物是无机盐和活性磷酸盐。对排污口临近海域贝类的监测结果表明，67% 的排污口临近海域贝类生物质量不能满足所在海洋功能区要求，主要污染要素为粪大肠菌群、镉、汞、锌和砷，个别排污口生物体中铜、铅和石油烃类含量超标。

3. 典型海洋生态系统健康状况

局部海域典型生态系统受损严重，实施监测的河口、海湾、滩涂湿地、海草、珊瑚礁等 20 个典型海洋生态系统中，大多数处于亚健康或不健康状态，典型如杭州湾、锦州湾持续处于不健康状态。其中，红树林面积自 20 世纪 50 年代以来减少了 70% 以上，珊瑚礁面积相比 20 世纪 70 年代累计丧失了 80%，自然岸线占大陆岸线长度的比例已不足 50%，近岸海域生态破坏形势严峻（表 2-2）。

表 2-2　2015—2017 年 20 个典型海洋生态系统不同健康状况数目表[①]

年　份	健　康	亚健康	不健康
2015	3 个	15 个	2 个
2016	3 个	14 个	2 个
2017	4 个	14 个	2 个

4.“赤潮”等海水异常情况

富营养化是我国近岸海域的重要问题，主要是由于无机氮和活性磷酸盐引起的，中度及以上富营养化主要集中在辽东湾、长江口、珠江口及山东、江苏、浙江部分近岸海域，以上海、杭州湾近岸海域最严重，钱塘江流域和杭州湾滨岸输入是重要原因，也不排除畜禽养殖排污、农业施肥的影响。近年来我国不同海域都有“赤潮”等异常状况的发生，“赤潮”等爆发的次数仍然较多。

5. 滨海湿地与生物多样性

2018 年，在 8 处滨海湿地开展了岛美城植被监测。在辽宁大连庄河、辽宁双台子河口、山东滨州、广东山口和广西北仑河口滨海湿地监测到世界自然保护联盟（IUCN）受威胁鸟类物种共 11 种，包括 2 种极危物种、6 种濒危物种、3 种易危物种（表 2-3）。

表 2-3　滨海湿地鸟类状况监测表

海滨湿地名称	鸟类种类	IUCN 受威胁物种		
		极危	濒危	易危
大连庄河滨海湿地	48	—	黑脸琵鹭、大杓鹬、大滨鹬	黄嘴白鹭
辽宁双台子河口滨海湿地	36	白鹤	东方白鹳、丹顶鹤、大杓鹬	白头鹤、黑嘴鸥
山东滨州滨海湿地	36	—	大杓鹬、大滨鹬	黑嘴鸥
广东山口滨海湿地	95	—	—	—
广西北仑河口滨海湿地	140	勺嘴鹬	大滨鹬、小青脚鹬	黑嘴鸥

注：“—”表示未检测到相应等级受威胁物种。

6. 海岸侵蚀

我国海岸侵蚀依然严重，沙质海岸侵蚀严重地区主要分布在辽宁、广东和

① 数据来源：环保部（现为神态环境部），《近岸海域污染防治方案》，2017 年 4 月 20 日发布。

海南监测岸段，粉沙淤泥质海岸侵蚀严重地区主要分布在江苏监测岸段。由于开展海岸整治修复和人工护岸修建，沙质海岸侵蚀长度有所减少，但局部海岸侵蚀加重。2017 年的监测结果显示，海南三亚亚龙湾东侧海岸平均侵蚀速度为 6.2 米 / 年，振东河闸至射阳河口海岸平均侵蚀速度为 10.5 米 / 年。河流输沙减少，风暴潮和不合理海岸工程影响是造成局部海岸侵蚀的主要原因，海平面上升加剧了海岸侵蚀的程度。

海岸侵蚀造成土地损失，损毁房屋、道路、沿岸工程和旅游设施，给沿海地区的社会经济带来较大损失。2018 年，海岸侵蚀造成全国土地损失 14.34 公顷，房屋损毁 2 间，海堤、护岸损毁 1 874 米，道路损毁 2 937 米，直接经济损失 3.45 亿元。

（三）土壤污染破坏严重

目前我国有将近 1/5 的土地正不同程度地遭受着重金属的污染，受重金属污染的土地面积约 0.1 亿公顷。同时，我国农业粮食的产量每年因土壤重金属污染减少约 1 000 万吨，而被重金属污染的粮食高达 1 200 万吨，遭受的经济损失合计约 200 亿元。我国土壤重金属污染呈现出显著的区域性分布特征。在东部、中部、西部三大地区污染程度存在显著差异，其中中部地区城市土壤重金属污染率最高，相比之下，东部和西部污染率较低。主要原因可能是中部地区煤炭矿区及金属矿区的大量开采造成的重金属泄漏最严重。目前，东部地区的辽宁、江苏、广东，西部地区的贵州、陕西、云南、重庆以及中部地区的陕西、湖南、河南等 14 个省份已成为我国土壤重金属污染的重点。从我国土壤点位超标率来看，无机元素为土壤主要污染物，铬、锌、氟、铜、砷、铅、汞、镍 8 种无机元素为主要超标元素。华南地区部分省市有近一半的耕地受到砷、镉、汞等金属元素的污染；东北的旧工业区、污水灌溉区及城市郊区存在严重的汞、镉、砷、铬、铅元素污染；西部土壤重金属污染最为严重的云南、四川、内蒙古河套等地存在砷、汞、镉、砷元素超标，有关数据显示，河套地区土壤砷元素污染正威胁着将近 30 万人的身体健康。

二、生态保护成效彰显生态修复的必要性

（一）淡水资源生态修复成效

近年来，国家越来越重视生态修复的作用，对地表水质采取了多样化的生态修复手段，取得了一定的成效。以生态环境部 2020 年 9 月发布的数据为例：长江、黄河、珠江、松花江、淮河、海河、辽河七大流域及西北诸河、西南诸河和浙闽片河流水质优良（Ⅰ～Ⅲ类）断面比例为 79.5%，同比上升 3.4 个百

分点；劣Ⅴ类断面比例为1.6%，同比下降1.4个百分点。主要污染指标为化学需氧量、高锰酸盐指数和总磷。其中，西北诸河、西南诸河和长江流域水质为优，浙闽片河流、黄河和珠江流域水质良好，辽河、海河、淮河和松花江流域为轻度污染。具体水质比例如图2-2所示。

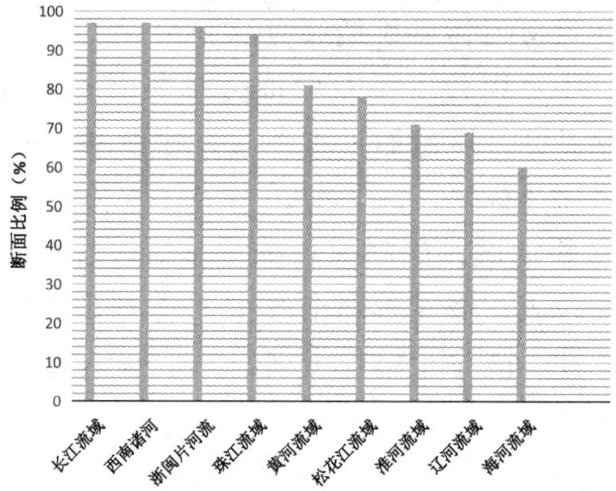

图2-2 2020年1—9月七大流域和西南、西北诸河及浙闽片河流水质类别比例

参考上图并对比之前的大江大河流域水质数据，可以明确得出江河水质在逐渐改善，这些应当归功于采取了生态修复措施。

（二）海洋资源生态修复成效

目前，我国正在逐步深入进行海洋发展的顶层设计，基本建立了“国家+地方”“综合+专项”的涉海规划体系。我国海洋生态环境保护修复力度加大。全国近30%的近岸海域和37%的大陆岸线纳入生态保护红线管控范围；全国累计建立了总面积超过1 000万公顷的各级海洋保护区，多达270余处；自“十三五”规划以来，国家累计投入用于海洋生态修复的资金超过52亿元；海洋生态修复正在朝着“南红北柳”“蓝色海湾”“生态岛礁”等建设目标推进。海水水质优良（一、二类）点位比例从2011年的62.8%升至2019年的78.4%，优良海水比例呈波动上升趋势；2012年至2015年，劣四类点位比例一直在18.6%左右，2019年降为13.2%，劣四类海水比例呈波动下降趋势。由此可以判断，我国近岸海域水质污染情况总体有所缓解，这可能得益于我国近年来大江大河的流域治理成效，但不排除个别海域水质变差的情况。大型藻类爆发的次数仍然较多，说明我国近海海域富营养化状况依然存在，但是因为主要污染物化学需氧量、石油类、氨氮、总磷等排放量同比有所降低，所以赤潮的覆盖面积和分布面积近两年有所降低。这种情况说明我国的近海域污染防治技术、法律制度和管理制度在抑制造成海水富营养化物质的排放中发挥了一定的作用。我国海岸侵蚀依然严重，但是由于开展海岸整治修复和人工护岸修建，沙质海岸侵蚀长度有所减少。

（三）土壤生态修复成效

1. 土壤污染治理试点稳步推进

2014 年国家启动重金属污染耕地修复综合治理工作，先期在湖南省长株潭地区开展试点，中央财政安排专项资金对湖南省试点地区给予补助，支持耕地保护与质量提升，通过加强耕地质量建设和污染修复治理，实现重金属污染耕地的稻米达标生产。当前，中国在规模化、连片治理土壤重金属污染方面已有一些尝试，如湖南长株潭地区、江西贵溪、广西环江、湖北大冶等地。这些区域在修复治理土壤重金属污染的过程中，在降低土壤重金属生物有效活性、减少土壤重金属总量、探索有效投融资模式等方面取得一定成效。

2. 多种土壤污染修复投融资模式试点探索加快

基于中国土壤污染形势及污染场地的特点，形成了诸如 BOT、EPC、EMC、PPP 等多种主体，不再为单一的政府的土壤污染修复投融资实践探索。例如，PPP（政企合作）试点示范是当前政府主要推广的基建投融资开发方式，典型的有岳塘 PPP 试点示范；EMC 试点示范则是企业与排污者签订能源管理合同，为排污者提供节能诊断、融资、改造等服务，并以节能绩效分享方式回收投资和获得合理利润。除 PPP 试点示范与 EMC 试点示范外，土壤污染专项治理债券也是未来在土地污染治理方面可以尝试的选择之一。另外，“修复 + 开发”模式也被广泛运用于工业土壤修复市场，该模式是土壤修复企业与开发商联合为一个整体，同时承包污染场地的修复和开发，修复后土地在市场交易中增值部分作为土壤修复企业的收入，但在矿区土壤修复市场和耕地土壤修复市场应用较少。

目前，中国正在大力推动土壤修复投融资机制改革，各地区积极探索创新，积累了不少经验，取得了积极进展。随着市场化经济体制的不断完善，厘清各相关方责权边界，由企业、开发商、政府共同承担土壤污染治理是必然趋势。

第二节　生态修复的价值

一、当前已经具备开展生态修复的现实基础

前面分析了我国生态资源所面临的严重的污染和破坏状况，使生态系统结构受损，功能降低，仅仅依靠其自身的修复能力难以恢复至应有的健康安全状态，人为进行生态修复工程到了不得不开展的紧迫关头。客观上，我国目前已经具备了开展此项工作的现实基础，包括国家政策关注、引导；一定的法律支持；经济技术方面的支撑。

（一）党和国家政策对海洋生态修复的关注和引导

党的十八届五中全会公报指出，“坚持保护优先、自然恢复为主，实施山水林田湖生态保护和修复工程，开展大规模国土绿化行动，完善天然林保护制度，开展蓝色海湾整治行动”。党的十九大报告指出，“加快水污染防治，实施流域环境和近岸海域综合治理”。过去五年环境保护工作取得的重大成就中就包括重大生态保护和修复工程进展顺利，生态环境治理明显加强，环境状况得到改善。党的十九大报告要求，强化湿地保护和修复。党的十八大报告、十八届三中全会、五中全会、十九大报告多次提到，要实施重大生态修复工程，包括山水林田湖生态保护和修复工程以及蓝色海湾整治与修复行动，实行最严格的生态环境保护制度，保护生态安全，促进人与自然和谐共生。党的十九届四中全会公报更是明确要求“健全生态保护和修复制度，严明生态环境保护责任制度”。

（二）生态环境保护立法的规定

1. 生态环境保护基本法和海洋生态环境保护基本法的规定

《环境保护法》提出“综合治理”的原则，生态修复整治工作就是对这项基本原则的贯彻实施。《中华人民共和国海洋环境保护法》规定要求“对具有重要经济、社会价值的已遭到破坏的海洋生态，应当进行整治和恢复”。

2. 针对性或专门性法规的规定

除了上述基本法的明确规定外，国家还出台了一系列专门性法律、法规、规章来指导、保障生态修复具体工作的开展。例如，国家海洋局《关于开展

海域海岛海岸带整治修复保护工作的若干意见》(2010年)专门规定了海域、海岛和海岸带整治、修复和保护工作事宜；国务院《湿地保护修复制度方案》(2016年)的规定旨在建立系统完整的湿地保护修复制度；原国家环保部《近岸海域污染防治方案》(2017年)在陆海统筹原则指导之下，针对近海岸严峻的污染防治形势规定了若干具体的方案；财政部、国土资源部、环境保护部联合印发了《海洋生态保护修复资金管理办法》(2016年)，旨在规范和加强海洋生态保护修复治理专项资金管理，提高资金使用效益。国家海洋局《滨海湿地保护管理办法》(2018年)专门规定了滨海湿地的修复、保护各项管理制度；国务院《生态环境损害赔偿制度改革方案》(2016年)通过明确生态环境损害赔偿范围、责任主体、索赔主体、损害赔偿解决途径等，以逐步建立生态环境损害的修复和赔偿制度。其中，生态环境损害赔偿范围包括用于生态环境修复的费用、生态环境修复期间服务功能损失的弥补费用。根据《最高人民法院关于审理环境民事公益诉讼案件适用法律若干问题的解释》(2015年)规定，在公益诉讼中，人民法院可以判决被告承担生态修复的法律责任，要么将受损生态修复到损害发生前状态，要么采取替代性修复措施，要么承担修复费用，等等。

以上这些有关生态修复的法律、法规、规章内容有涉及具体方案措施的、有规定行政管理的、有规定资金管理和使用的、有规定法律责任的，较为混乱，不成系统，甚至有的法律条文存在冲突。另外，立法主体众多，层次不同，有的立法主体已经不存在或者改了名字，使人们对相关法规的效力以及是否继续施行并不十分肯定。其虽然存在上述问题，但是仍然为生态修复工作提供了有力的法律保障，为开展系统的生态修复制度研究提供了立法依据。

二、生态修复的价值

(一)体现了执政党对中国未来发展的战略选择与定位，是政治议题法律化的体现

党的十八大报告、十八届三中全会、十八届五中全会、十九大报告多次提到，要实施重大生态修复工程，包括山水林田湖生态保护和修复工程以及蓝色海湾整治与修复行动，实行最严格的生态环境保护制度，保护生态安全，促进人与自然和谐共生。这表明我国高层已经十分重视生态修复工作及其法律制度的完善，将生态修复作为救济受损生态环境，解决生态问题的重要手段之一。

(二)满足生态经济可持续发展的现实需要

从长远来看，如果生态问题持续加重，生态安全问题就会影响我国的经济

安全。生态问题势必会束缚区域经济健康平稳发展，成为我国未来经济可持续发展的阻碍。“亡羊补牢，犹未晚也”，为了利用生态资源可持续发展，我们必须保护好生态环境，修复已经受损的生态。

（三）丰富和完善生态修复立法的基础理论

本研究以生态环境法学基础理论研究为起点，研究、解读生态正义、生态安全、生态文明和生态可持续性发展等生态环境法的基本理念，深入、辩证分析了生态修复的主体制度、保障制度、责任制度、规划制度等基础理论，并提出了相关的制度建设建议。这些问题的研究与解决将会丰富和完善我国生态修复立法的基础理论，夯实我国生态修复的立法基础，使相关立法更加体现出科学性、实效性。

（四）为生态修复提供制度保障

生态修复是复杂的系统性工程。本法律制度研究的目的就是希望通过法律制度的构建，指导生态修复工作，保障其顺利有效开展。本书通过分析生态修复实践中存在的各种问题，给出解决问题的具体措施建议，有助于确定海洋生态修复的各类主体及其法律责任，有利于保障修复资金来源，有利于修复目标的设计与规划，有利于开展科学监测与合理评价等。

近几年在国家的大力推进下，生态修复虽然取得了一定的成绩，但是对照生态领域存在的深层次的不足，目前的修复成绩离生态文明建设和“美丽中国”建设的要求尚存不小的差距，对比发达国家生态修复情况，我国的生态修复能力与修复效果仍处于相对较低水平。一是开发利用层次低，生态经济主要以传统资源、能源开采产业为主，高科技产业和新兴产业占比不高。二是生态环境约束加剧。例如，尽管近几年我国开始重视滨海湿地的修复工作，但是总体上看滨海湿地仍在继续减少，具有“此长彼消”之势；各种垃圾污染问题尤其是快递业白色垃圾污染逐步凸显。三是陆海统筹发展水平整体较低，陆海统筹是一种战略高度，是发展陆地经济的思维，也是发展海洋经济和海洋保护的思维。要协调陆海空间功能布局、调整产业结构，科学设计基础设施建设，协调区域流域海域环境修复整治与协同防治灾害。目前，在陆海统筹发展思想指导下，这些方面的工作都有待提升。四是生态修复技术创新能力亟待提升。继续推进生态修复工作的开展是上述目标的客观现实需求，当务之急是完成生态修复的顶层设计，以法律制度作为强有力的保障方式推进生态修复工作稳步开展。

第三章　生态修复的基本理论

第一节　生态修复的基本概念

一、国内外关于生态修复概念的界定研究现状

（一）国内对生态修复概念的界定

不同学科领域对“生态修复”的解读不同。生态学领域，朱丽认为生态修复是以自然修复为主，辅之以人工修复措施，达到生态功能改善的目的。周启星等认为生态修复是以生物修复为主要手段，辅之以物理、工程技术、化学等手段，修复受污染的环境。[①] 吴鹏认为生态修复包括自然修复，也包括社会修复，在治理环境污染、维护生态平衡的同时，一定要注重社会修复，以应对因经济发展不平衡所引发的环境危机，反过来说，也要解决因生态保护问题引发的经济发展不平衡，生态保护促使经济转型，另外，由此带来的社会问题也要进行有效治理。

上述不同学科领域对生态修复的定义中，自然学科领域强调以自然修复为主，辅之以人为措施；社会学科领域同样强调人工措施的作用，但是赋予了生态修复更丰富的内容，不仅包括自然生态修复，还包括社会生态修复，通过修复受损的自然生态，也修复因自然生态而恶化的人与人之间的社会生态关系。无论是自然学科领域还是社会学科领域，都认为生态修复并非简单的恢复自然生态原状，而是一种对自然生态的“修整”和“完善”，保证自然生态的生态服务功能支持人类社会可持续发展，并且人类社会生态通过修复也能够实现可持续发展的状态。

另外，关于生态修复概念的界定，往往容易与之混淆的是“环境修复”。国内也有学者对两个概念的关系加以研究。

“生态”修复还是“环境”修复？在环境工程类学科中多数称为“环境”

① 周启星，魏树和，张倩茹，等．生态修复[M]．北京：中国环境科学出版社，2006:1.

修复，在法学领域也有学者称为“环境”修复，如中山大学的李挚萍教授的文章《环境修复法律制度探析》《环境修复的司法裁量》；刘超《环境修复审视下我国环境法律责任形式之利弊检讨——基于条文解析与判例研读》；许灿英《环境修复主体制度探析》。李挚萍教授提出：“环境损害又被称为生态损害、环境自身损害。”吴鹏在其文章《最高法院司法解释对生态修复制度的误解与矫正》指出，2014 年 12 月颁布的《最高人民法院关于审理环境民事公益诉讼案件适用法律若干问题的解释》虽然开拓了生态修复制度司法化的路径，但也暴露了概念混乱使用的弊端，在判定环境侵权案件的法律责任适用时，没有将民法上的恢复原状的法律责任与生态修复加以区分而直接混同运用。他在该文中通过司法案例实证分析得出，恢复原状并不等同于生态恢复。司法判定环境侵权案件所承担的法律责任不能简单机械地适用民法上的“恢复原状”，而当用“环境修复”比较合适。他虽然区分了“恢复”与“修复”、“恢复原状”与“生态修复”的不同，但是并没有严格区分“生态”与“环境”、“生态修复”与“环境修复”的不同。

（二）国外对生态修复概念的界定

20 世纪 70 年代，国外开始了生态修复的相关立法和研究。关于生态修复的概念，有以下几种认识：美国自然资源委员会认为，生态修复指的是将生态系统修复到其受干扰前的状态。Cairns 基本持同样观点。[①] 但是，将生态系统修复到受干扰前的状态的定义过于理想化。能否确定受干扰前状态是何种状态？是不是最优状态？我们能否控制整个生态修复过程朝着设定的目标毫无偏差地进行？这些问题都存在着不确定性。因此，这样的定义较难实现。之后的相关研究通过深入分析修复目标的合理设定，得出的生态修复的定义有所矫正。国际恢复生态学会给出具有参考价值的定义：生态修复是维持生态系统健康及更新的过程，属于整合性恢复和管理的过程，是多样性及动态的过程。

二、“生态修复”与“生态恢复”之辩

目前，环境恢复学、生态修复学已经成为环境科学和环境工程领域的重要学科，在党和国家的经济发展和环境保护文件中也经常出现生态修复、环境恢复的概念。在我们没有进行概念明晰之前，在同一语境下，我们不得不将“生态恢复”和“生态修复”两个概念一并提出，在谈到对糟糕的生态环境进行整治、修补、完善使其回归到健康良性状态的语境之下，“环境恢复”“生态恢

① 吴鹏．论生态修复的基本内涵及其制度完善 [J]. 东北大学学报（社会科学版）,2016(6):630.

复”“生态修复”几个词出现的频率是差不多的。关于“环境”和“生态”两个概念，上文用大量篇幅阐述并得出结论：在书中，我们选用“生态”概念而不用“环境”概念。那么接下来的任务就是须明确我们的中心议题是“生态修复”更合适还是“生态恢复”更合适？这个问题其实也就简化成了“修复”与“恢复”关系之辩。

（一）“生态修复”与“生态恢复”两个概念混用之局

20 世纪 80 年代，生态工程技术广泛应用于生态环境维护的结果是，当我们在进行概念描述时忽而“生态恢复”忽而“生态修复”，概念引用非常混乱。在生态学、环境生态学、环境科学等学科较多使用“恢复”一词，而在和生态保护有关的政策、法规文件中则较多出现了“修复”一词。比如，党的十八大报告提出“要实施重大生态修复工程”；党的十八届五中全会公报指出“……坚持保护优先、自然恢复为主，实施山水林田湖生态保护和修复工程……”；党的十九大报告提出的环保工作重点之一是“加大生态系统保护力度。实施重要生态系统保护和修复重大工程”;《全国生态保护“十三五”规划纲要》要求“制定实施生态系统保护与修复方案，开展一批保护与修复示范”；中共中央、国务院《乡村振兴战略规划（2018—2022）》设置“加强乡村生态保护与修复”专章，并提出要“实施重要生态系统保护和修复重大工程”。

在事关生态保护方面，以上党和国家的权威政策性文件中均提到了“生态修复”，但同时我们看到，这些文件中也提到了“恢复”一词。值得注意的是，作为环境保护基本法的《环境保护法》在修订之后创设性地规定了生态修复制度，但是在文字表述时用的是“恢复”而不是“修复”，该法第三十条规定：“开发利用自然资源，应当合理开发，保护生物多样性，保障生态安全，依法制定有关生态保护和恢复治理方案并予以实施。”

以上党或国家颇具权威性的政策文件和法律中关于“恢复”和“修复”的提法绝非“乱花更欲迷人眼”，而是具有严谨的概念区分的逻辑性、科学性依据的。

（二）“生态修复”与“生态恢复”两个概念的趋同

目前，“生态恢复”和“生态修复”两个概念的使用上较为混乱。有的学者不太严格区分两者的差别，概念使用上比较随意；有的学者主张应该废弃生态恢复，改成生态修复；有的学者认为可以同时使用，但是偏重于使用生态修复。笔者认为，无论概念的名称是什么，都有其学科领域内的合理性解释。根据马克思主义世界观，任何事物都是不断联系、不断发展的，概念界定也是如此。确定了一个概念的名称，并非说此概念的内涵与外延就一成不变了，随着经济技术的发展，生态修复或者生态恢复的指导思想、运用的技术也是不断发展变化的，概念本身也有一个不断深化的过程，这恰好也代表了本学科是在不断发展和完善的。所以，我们实在不用过分纠结并且说服对方应当叫“生态恢复”还是“生态修复”，也许在同一领域、同一学科、同一概念设定前提之下，两种叫法的内涵和外延实质上是一样的也未可知。两个概念存在如下的趋同：

1.两者目标达成的趋同

最初人们理解生态恢复的目标就是回复到生态未受损害之前的完美状态，是完全意义上的恢复。生态修复的目标是强调人为手段的加入，但是鉴于生态系统的原始状态可能很难确定，或者生态退化可能非常严重，生态修复过程可能非常复杂，出于经济和技术上的考虑，修复的结果并不一定是完全恢复到原始状态，也许只是部分的恢复，也许只是对原始生态系统的结构和功能进行了改善。随着恢复生态学的发展，生态恢复的目标已不再强调完全意义上的恢复，而是将目标设定为“通过调查、模拟相似生态系统、理论分析、技术实践，使生态系统恢复到健康、可持续的状态”，这也是比较合理和实际的目标。在生态文明建设要求之下，我们也不应该纠结生态功能是否会恢复原状，而是要关注修复之后的生态功能是否能促进社会效益和价值的增加，是否满足生态文明建设的要求。在这一点上生态恢复和生态修复两者之间没有不同。

2.两者人为干预措施的趋同

早期的生态恢复概念强调生态系统功能恢复的自然性、自动性、自主性，不添加人工干预措施；生态修复是对受损生态系统的修整、治理，有人工措施的加入。这是区别两个概念的关键一点。但是在生态恢复实践领域，事实并非如此。稳态下的生态抵抗干扰的自我调节能力具有限度，此限度被称为生态阈值，当干扰严重并超过其生态阈值时，生态系统将发生质变、崩溃，而走向逆序演替甚至不可逆演替。比如，对于开采过的矿山，无论怎么让其自主、自然恢复都不可能回到原来的地下矿藏资源丰富、地面芳草萋萋的状态。又如，浅海地区围填海之后，单纯靠自我恢复是无论如何也不可能恢复到原来的“鸟击长空、鱼翔浅底”的自然状态的。所以，恢复实践中同样需要加入人为的干预措施。对于是否需要添加人工措施，“恢复”和“修复”只存在语感上的不同，实际操作中并没有不同。

（三）“生态修复”与“生态恢复”两个概念的区别

我们的“生态修复制度研究”中还是选用了“修复”而非“恢复”一词，毕竟两者还是存在很多不同之处的。

首先，两者的词义不同。《辞海》对两个词的基本意思做了如下解释：

“修”是“修理、整治”；“复”指“恢复”；“恢复”是“恢复原状”之意，如恢复健康。从本意考究，“恢复”一词更侧重结果方面的判断，指恢复到特定的、固有的、历史上的生态系统；“修复”一词更着力于过程方面的审视，指通过修理、整治的过程使事物恢复到某种特定状态。上文提到的党的十八大、十九大报告等党和国家权威政策、文件中的文字表述可以为本观点提供佐证：凡是含有结果导向性语义的，一般都用“恢复”，如“恢复湿地”“恢复生物多样性受损害的区域”；凡是过程导向性表述，一般都用“修复”，如“实施山水林田湖生态保护和修复工程”“开展修复示范项目”等。

其次，上文分析了目前在生态工程等自然学科领域，生态恢复和生态修复其实都不强调仅依靠自然之力的恢复，都有人工措施的加入，所以恢复或修复的结果都非恢复到原始状态，而是通过人为的治理，生态系统被恢复的结果应是“改善”，更有利于社会经济发展。不过，从汉语字面意义来讲，修复是在恢复基础上的修整，强调对生态环境的进一步改良和生态环境的全面改善，目的不仅是恢复生态平衡，还要有利于生态环境与人类社会的和谐发展。毕竟我们的母语是汉语，不加特别解释的话，仅从结果角度去理解，多数人还是能体会出两个词在汉语字面意义上的不同。就是因为在研究领域中我们不重视汉语的本意，似是而非、大差不差，无限扩大其本质含义，导致现在无论是自然学科领域还是社会学科领域生态修复的概念名称使用的混乱。

最后，对于生态系统的恢复、治理、重建、改善等工作来说，生态恢复和生态修复两个概念还存在如下的对比意义：

1.词义涵盖范围不同

“恢复”词义应当包括在“修复”之内。恢复是回到当初的状态，以当初的状态为参照系，尽力复原，不做更改；修复含有因时因地制宜的客观情况，加入了主观能动性，可能是原封不动恢复到当初状态，也可能达不到原封不动复原，但是只要达到功能上的相当则为目的已达。“修复”比“恢复”范围广。有的事物是可以恢复的，如河道、海岸线的形状、动植物种类，有的是恢复不了的，则用修复的概念，如动植物的具体数量、海岸线生物等。

2.适用的对象不同

生态恢复的对象是受损或退化的自然生态系统，受损的严重程度不同，可以采取的恢复方式和手段也不同。生态修复的对象可以是生态系统，但又不仅限于生态系统。有的学者认为，生态修复是包括环境污染治理与社会治理在内的系统工程，所以其修复对象应当是自然生态系统和社会生态系统。本书赞同从自然环境与社会两方面理解生态修复的内涵。以生态修复为例，修复的对象除了受损的自然生态系统之外，还涉及生态文化，甚至还包括对人类修复能力本身的修复，此后两者都属于社会系统层面。

3. 词义、词性双关性理解体现不同

因为“恢复”和“修复”两个词从语感上来讲，一个重结果，一个重过程，所以在强调过程、注重修复手段和措施的时候我们选择“修复”一词更为合理。“生态修复”中“生态”的词性首先是名词，指修复的对象是“生态”；其词性还可以是副词，意思是修复过程中应当运用“生态的”手段和措施以“生态地”进行修复，简单地说就是生态修复的过程应是具有“生态性”的。

三、生态修复的一般性内涵

在和“生态恢复”对比之后，我们选择“生态修复”这一概念作为“生态修复制度”概念的核心要素。

仅从字面意义上看，“生态修复”一词的词性可以是名词也可以是动词。具有名词词性时，其含义是指生态所达到的一种理想状态。这种状态并非“恢复原状”，而是按照自然规律被修整、完善后的状态。当为动词词性时，它又是一个偏正式的词语结构，核心语素为“修复”，是指对生态采取的一系列“修复”措施。相较于“恢复”一词的词性而言，“修复”具有明显的动词词性特征，也即更强调行为性。“修复”有其丰富的内涵，我们在此统称为“修复行为”，生态修复就是人们对生态采取的修复行为。“生态”也有两种含义：第一，作为名词，点明修复的对象是“生态”；第二，“生态”还可以作为“修复”的修饰语，点明“修复”的手段是“生态性”的。综上，生态修复的含义有三种：①用生态性的手段去修复；②对生态采取的各种修复行为；③一种修整完善后达到的理想状态。实际上，这三点看似不同，却可以统一在一个表述之中，达到生态修复最本质的要求：人们用“生态的”手段去修复“生态”，使其达到一种完善和修整的理想状态。

生态修复脱胎于“生态恢复”，而后者一直都是自然学科领域的概念，是指主要依靠生态系统自身的调控能力，辅之以人为的调控，恢复被损害的生态系统，使其接近于它受干扰前的自然状况，以及重建该生态系统结构和功能有关的物理、化学和生物学特征。生态恢复的概念更强调以自然力恢复为主，人工恢复为辅，恢复后果注重恢复到生态系统未受干扰前的状态。所以，人们对生态修复的内涵理解方向和思维具有惯性和局限性，仍然限制在自然学科领域对自然生态的修复内涵的理解，即运用自然的或人工的工程技术对退化的、受损的自然生态系统进行治理，以恢复到自然、健康的功能状态。

但生态修复的目的是什么呢？是恢复或者改善生态系统的功能吗？那恢复和改善生态系统功能的目的又是什么呢？笔者认为，终极答案应当是“生态功能支持的经济、社会的可持续发展”。这也是我国正在进行的生态文明建设的应有之义，“生态”是手段，“文明”才是目的。简单地说，生态修复的目的就是以生态化手段达到经济社会可持续发展的目的，促进社会的整体进步。

我国在一些环境保护领域已经普遍开展的生态修复实践活动实际上也包含有自然修复和社会修复两个方面。比如，矿区生态修复既包括因采矿带来的环境污染和生态破坏的修复，也包括对矿业工人失业、经济结构调整、矿区城镇化发展等问题的解决；生态修复不仅要修复因为围填海、资源开发、渔业捕捞、生态建设等引起的生态退化，也要应对禁渔区域渔民失业、生态旅游城市转型的问题。可见，我国的生态修复实践是从自然环境的治理与社会的综合治理方面开展的。自然生态系统领域的修复不可避免地要在社会领域引发连锁反应，所以修复因自然生态修复带来的社会问题也是必需的，这样才能实现生态修复的完整价值。综上，生态修复的内涵包括两个方面：一是自然生态系统的修复；二是社会生态修复，其实就是修复和自然生态有关的各种社会关系。

对自然生态系统修复而言，就是要利用技术手段恢复或改善受损的生态环境。生态系统失衡的根本原因往往是政治制度、经济政策导致的社会发展的失衡。经济发展的不平衡会加大人们攫取和破坏自然资源的野心，公地悲剧理论告诉我们这种攫取和破坏的成本很小；重经济发展、轻环境保护的指导思想会放纵肆意的排污行为；经济能力薄弱的地区对环保的资金和技术投入也会薄弱，这种发展的不平衡导致生态修复能力的差距扩大，生态修复的效果也相差巨大。经济强、多投入、修复效果好，生态支持经济可持续发展；经济差、投入少、修复效果差，生态恶化最终制约经济可持续发展，马太效应出现。因此，要从根本上维护生态平衡，就需要同时开展自然修复和社会修复，即修复我国当前和生态环境保护有关的失衡的社会关系。这一过程包括：①通过生态修复资金的投入修补受损的生态系统，以为当地的经济可持续发展提供生态资源方面的支持；②通过利益补偿来弥补因生态保护而导致的区域发展不平衡；③经济落后且生态脆弱的地区完成经济社会转型；④以分配正义促进环境公平的实现。这些环节都是为了修复因生态保护而带来的经济发展失衡而采取的措施。

当然，仅仅针对社会修复这个概念而言，还可以从另一个角度理解，即无论是自然生态系统还是社会生态系统，其修复手段都可以是“社会”性的，也就是全社会共同参与生态修复，这也体现了环境保护法的公众参与的基本原则。生态修复是庞杂的系统性工程，需要投入大量的人力、物力、财力、技术，生态脆弱同时经济欠发达地区难以独自承受这样的投入，生态修复效果可想而知，同时走不出经济发展的困境。因此，生态修复工程需要全社会的广泛参与，一方面为生态修复提供人才、资金、技术保障，另一方面也通过政策引导和制度鼓励发展新的生态修复产业形式、培育生态修复市场、培育新的经济增长点，使公众受益于生态修复带来的生态和经济双重效益。

综上所述，生态修复是指以维护自然生态平衡和社会经济发展平衡为目的，以生态系统自然力恢复为主，同时在社会力量广泛参与下，对受损生态系统采取工程、技术、行政、经济、法律和文化等社会综合治理措施，对因生态受损而遭受损失的利益相关者进行生态赔偿或补偿的系统性工程。

四、生态修复的法律性内涵

为一项生态保护活动下法律定义之前应当明确法律定义和一般定义的不同。法律是调整人们行为的规范，是通过对人们行为的调整来实现对社会关系的调整，法律调整之下的社会关系被称为法律关系。法律通过规定权利、义务的方式来表明法律关系主体应当遵守的行为模式。法律上的权利和义务是国家确认并受到国家强制力保障的。在某种社会关系中，法律最关注的就是权利和义务的表达，这也是构建生态修复法律定义的基础。生态修复法律关系的构成包括三要素：

第一，生态修复的主体。生态修复并非单纯依靠自然之力的消极恢复，而是有人为措施参与的积极改善、治理生态的复杂的系统性工程。那么，谁参与了该项活动？生态系统本身的损害至少会导致人们环境享受利益和环境权的损害，也可能会导致某些具体的人身权和财产权的损害，还可能会导致一个地区的公众抽象的生存权和发展权的损害。这些都需要在生态修复法律救济途径中得到赔偿或补偿。这样形成的法律关系较为复杂，生态损害者、生态受损者、生态修复者、修复受益者彼此之间都会形成法律关系，这些人就是生态修复活动的参与者，是主体，包括生态修复的责任主体和受益主体。

第二，生态修复的客体。生态修复是对受损生态进行的政治、经济、文化、技术等社会综合治理措施的系统性工程。具体过程包含三个层次：一是恢复和重建原有的生态环境；二是修整、改善已经被恢复和重建后的生态环境；三是对生态修复后果进行评价的行为。以上行为统称为“修复行为”，是生态修复法律关系的客体。受损的生态环境则是生态修复行为的指向对象。生态修复的目的是达到维护生态系统平衡、健康的状态，支持社会经济平衡、协调、可持续发展，满足人们各方面的生态利益，促进社会进步。

第三，生态修复的内容。法律关系的内容是权利和义务。生态修复的内容表现为各方主体为了达到生态修复的目的，在实施各种修复行为过程中各自享有的权利和应当承担的义务。主体不同，权利和义务的内容也不同。如果是私主体，权利往往是因生态损害而获得补偿或赔偿的请求权和受偿权；义务的内容就是造成生态损害者承担的金钱赔偿责任、补偿责任和实际参与修复的责任。如果是国家机关公主体，权利表现为和生态修复相关的行政管理权、监督权、检查权、监测权等；义务表现为监督管理义务、监测义务、信息批露义务等。

综上所述，法律上的生态修复是指为了维护生态系统平衡，支持社会经济平衡持续发展以及满足人们生态利益的需求，由生态修复责任主体对受损生态系统本身予以综合性的人工治理措施，对自然的生态环境本身予以修复，使之恢复至原有的或者与原来相近的结构和功能状态，修复人们和生态环境之间的关系，并且对由于生态损害而导致的人们的生态利益，人身、财产利益，生存、发展利益受损的情况予以赔偿和补偿的行为。

第二节　生态修复的立法现状

党的十八届三中全会和十九届三中全会强调，加快生态文明制度建设，完善环境治理和生态修复制度，用制度保护生态环境。之后，各地方更是纷纷响应党中央的决定，制定并实施一系列生态文明建设条例，通过制度来建设生态文明，极大地激发了生态文明的理念和制度建设，为生态修复立法奠定了理念基础。

一、生态修复的立法目的

立法目的决定了立法的指导思想和法律的调整方向，直接影响法律制度的设计。从我国现行有关环境保护和污染防治方面的立法来看，我国环境立法的目的主要是以下四个方面：①保护和改善环境；②防治污染和其他公害；③保障公众健康；④促进经济社会可持续发展。其中，保护和改善环境、防治污染和其他公害是直接目的，保障公众安全和促进经济社会可持续发展是根本目的。

生态修复立法作为环境法律规范体系下的一个分支，其立法目的自然应围绕上述四项基本目的，但同时立足于生态修复所要求的生态利益与人类社会发展利益相一致的指导思想，我国的生态修复立法目的具体应包含以下四点：①修复并改善生态环境——合理分配生态修复的权利义务，促使生态环境质量持续提升；②维护生态平衡——积极引导公众参与生态修复和维护；③促进合理利用生态环境——调整生态修复过程中的法律关系，平衡生态利益与经济发展的关系；④实现人类社会可持续发展。

二、我国有关生态修复立法的现状

虽然我国有一系列关于污染防治的法律规范，如《中华人民共和国水污染防治法》《中华人民共和国大气污染防治法》《中华人民共和国固体废物污染环境防治法》等，但这些法律基本上都是“防”污染，而非“治”污染，而生态修复恰恰在于“治”而非“防”。因此，可以说我国至今没有生态修复的专门法律和规定，现有的环境法体系中零散可见关于生态修复的法律规定，但各地方政府已经结合自己面临的环境问题，因地制宜颁布了一些具有地方特色的关于生态修复的法律规范，为我国生态修复的实践提供了制度上的保障。

（一）土地生态修复方面的立法

有关土地修复的法律规范，在我国是实施最早的。1988 年，国务院颁布《土地复垦规定》，该规定第四条就确立了土地复垦，实行“谁破坏，谁复垦”的原则，规定了土地复垦方式、复垦经费及法律责任。2011 年通过了《土地复垦条例》，该条例在肯定“谁损毁，谁复垦”原则的同时，区分生产建设活动损毁土地和历史遗留损毁土地及自然灾害损毁土地的形成原因，确定不同的复垦义务人，使复垦责任主体落实到位，同时确立了不同类型土地复垦的方式、经费来源、验收程序和激励措施等。随后国土资源部颁布《土地复垦条例实施办法》，进一步细化了《土地复垦条例》的有关规定，而我国目前正在实行的《土地复垦质量控制标准》也针对土地用途（林地、耕地、园地、草地和其他用途）明确了不同的基本指标和复垦质量控制标准，使我国土地复垦方面的法律制度已经逐步趋向完备。

各地方政府根据土地污染的实际情况和土地修复的需要，纷纷制定出台了相关的地方性法规和配套技术标准。比如，2006 年浙江省实施《浙江省固体废物污染环境防治条例》，规定对污染土地实行环境风险评估和修复制度；2007 年沈阳市环保局和国土资源局联合印发《沈阳市污染场地环境治理及修复管理方法（试行）》，规定污染场地的评估和认定程序、标准等；2008 年重庆市政府印发《重庆市人民政府办公厅关于加强我市工业企业原址污染场地治理修复工作的通知》，严格执行污染场地的风险评估和治理恢复工作；2014 年山西省颁布实施《山西省土地整治条例》，该条例对土地整治项目的立项、规划、管理、资金补助等都进行了全面规定；2015 年四川省国土资源厅和四川省财政厅联合颁布《四川省土地整治项目和资金管理办法》，专门规范了土地整治项目和资金管理；青海省国土资源厅也颁布了《青海省土地整治项目管理办法》（2015 年 1 月 26 日）。这些地方性法规极大地丰富了我国土地修复法律制度，为我国各地方土地整治工程取得良好效果提供了制度保障。

（二）土壤污染防治相关立法

目前，中国没有专门出台针对土壤修复与治理投融资的立法，土壤污染防治法尚在制定进程之中，但中央出台的一些土壤污染防治相关的法规文件中明确了对土壤修复与治理领域建立投融资机制的重要性，湖北等一些先行地区在地方立法中也对推进建立土壤修复治理投融资机制高度关注。国务院于 2016 年 5 月 28 日出台的《土壤污染防治行动计划》是中国中长期土壤污染防治的顶层设计，明确提出："通过政府和社会资本合作（PPP）模式，发挥财政资金撬动功能……积极发展绿色金融……鼓励符合条件的土壤污染治理与修复企业发行股票。"这为土壤污染治理与修复投融资提供了法律保障。针对现有财政资金和矿企资源开发复垦保证金等资金渠道往往难以满足矿山地质环境恢复和综合治理的需要这一困境，2016 年 7 月 1 日，国土资源部、工信部、财政部联合发布了《关于加强矿山地质环境恢复和综合治理的指导意见》，明确提出："各级地方财政要加大资金投入力度，拓宽资金渠道，为废弃矿山、政策性关闭矿山等历史遗留的矿山地质环境恢复治理提供必要支持。"积极推进社会资金投入，形成矿区生态环境保护与治理投资的多元化筹资渠道。总体上看，地方土壤污染防治法律法规建设进展较慢，福建、广东、湖北等地进展相对较快，这些地方在其新出台实施的土壤污染修复治理政策法规中也对创新建立有效的投融资机制予以了高度重视。

（三）森林、草原生态修复方面的立法

1985 年的《中华人民共和国草原法》（以下简称《草原法》）基本上没有涉及有关草原生态修复方面的规定，只是着眼于对草原的开发、管理和合理利用方面。2002 年《草原法》进行修订，除了明确草原规划和利用应遵循"保护、建设和合理利用草原，改善生态环境，维护生物多样性"原则，做到"生态效益、经济效益、社会效益相结合"之外，还针对退化、沙化、盐碱化、石漠化和水土流失的草原，要求各级政府必须组织专项治理，对于已垦的草原，要有计划、有步骤地退耕还草，对严重退化、沙化、盐碱化、石漠化的草原和生态脆弱区的草原，明确规定"实行禁牧、休牧制度"。

2002年，国务院颁布了《国务院关于加强草原保护与建设的若干意见》（国发〔2002〕19号），要求实现草畜平衡制度，并且因地制宜推行划区轮牧、休牧和禁牧制度，提倡转变草原畜牧业的经营方式，实现退耕还草；2004年水利部和农业部联合发布了《关于加强水土保持生态修复促进草原保护与建设的通知》，该通知从抓紧制订生态修复计划、推广先进技术、完善政策法规、加大执法力度等层面对加强草原保护、促进草原生态修复和防止水土流失提出了具体要求。2011年农业部、财政部颁布《关于2011年草原生态保护补助奖励机制政策实施的指导意见》（农财发〔2011〕85号），该意见立足于加强草原保护，促进牧民经济增长，对生态恶化的草原禁牧，给予牧民适当的补偿，对履行超载牲畜减畜计划的牧民和实行畜牧品种改良、开展人工种草的牧民进行补贴和奖励等，其政策目标全面推行禁牧、休牧、轮牧和草畜平衡制度，使全国草原生态总体恶化的趋势得到控制。此外，地方性草原生态保护立法比较有代表性的有《黑龙江省草原条例》《甘肃省草原条例》《甘肃省草原禁牧办法》《内蒙古自治区基本草牧场保护条例》。

关于森林生态修复方面，我国目前还鲜有法律条款专门涉及。《中华人民共和国森林法》（以下简称《森林法》）仅仅是对滥伐、盗伐林木的行为规定了相应的行政责任，构成犯罪的可以依法追究刑事责任，而对于植树造林仅仅是从植树造林的法律主体上予以规范，并无具体可操作性的林木恢复规定。2000年《中华人民共和国森林法实施条例》确立了利用森林要遵循保护生态环境和促进经济可持续发展的原则。2002年国家财政部、国家林业局联合颁布了《森林植被恢复费征收使用管理暂行办法》（财综〔2002〕73号），对征用、占用林地单位按规定预缴森林植被恢复费，森林植被恢复费实行专款专用，专项用于林业主管部门组织的植树造林、恢复森林植被。这是我国第一个关于森林生态修复经费制度的规定，对于保障森林植被恢复意义重大。2003年国务院颁布了《退耕还林条例》，规定对于水土流失严重、沙化、盐碱化、石漠化严重的耕地，必须有计划地进行退耕还林，同时为了保障退耕还林工程的顺利实施，国家财政部同年制定了《退耕还林工程现金补助资金管理办法》，国家林业局制定了《造林质量管理暂行办法》（林造发〔2002〕92号），确保植树造林的效果和质量。2003年国务院发布《中共中央 国务院关于加快林业发展的决定》，首次提出“坚持生态效益、经济效益和社会效益相统一，生态效益优先”的基本林业发展方针，指明了我国林业生态保护的基本目标。此后，国务院、财政部、林业局针对退耕还林、保护林业生态等方面出台了一系列政策性规定，各地方针对森林保护也有相应的立法，典型的如《北京市森林资源保护管理条例》《甘肃省林地保护条例》。

（四）湿地、水域环境生态修复方面的立法

湿地的概念在我国引入比较晚。我国到目前为止尚没有全国层面的针对湿地保护、利用及管理等方面进行规范和调整的专门法律，出于湿地保护工作的现实需要，我国各地方结合本地的情况进行了本区域的湿地保护地方立法。第一个有关湿地保护的地方性立法是《黑龙江省湿地保护条例》（2003 年 8 月 1 日颁布实施，2010 年进行了修订），随后甘肃（2004 年）、湖南（2005 年）、广东（2006 年）、内蒙古（2007 年）、四川（2010 年）、吉林（2011 年）、云南（2013 年）等省（自治区）也纷纷制定并实施省级湿地保护条例。各地方的湿地保护条例归纳起来有以下几个共同点：①确立湿地资源的可持续利用原则；②规定了县级以上人民政府应当采取措施，对退化的湿地进行恢复改造；③造成湿地环境污染的，应当按照谁污染、谁治理的原则，依法采取治理措施；④湿地保护管理经费和湿地生态效益补偿经费列入财政预算。这些地方性立法为湿地生态保护和修复的实践奠定了法律基础。2013 年 5 月 1 日，国家林业局才实施《湿地保护管理规定》，确定对湿地实行“保护优先、科学恢复、合理利用、持续发展”的方针，该规定是我国第一个全国性的关于湿地保护的部门规章。

关于水域生态修复的法律规范，我国目前比较少。《中华人民共和国水法》第三十一条规定了“因违反规划造成江河和湖泊水域使用功能降低、地下水超采、地面沉降、水体污染的，应当承担治理责任”的原则性条款；《中华人民共和国海洋环境保护法》（2014 年修订版）第二十条规定“保护红树林、珊瑚礁、滨海湿地、海岛、海湾、入海河口、重要渔业水域等具有典型性、代表性的生态系统”。除此之外，在《中华人民共和国自然保护区条例》《中华人民共和国渔业法》《中华人民共和国水污染防治法》中也有涉及水域生态保护的规定。各地方也针对自己的流域生态保护和修复进行地方性立法，比如《湖南省湘江保护条例》（2013 年），专门针对湖南省湘江流域的水资源利用、水域保护和生态保护等进行了规定；《广州市流溪河流域保护条例》（2014 年），从流溪河水域的水资源规划、利用到污染防治、河道管理等都进行了规范，为实践中水域生态环境保护和修复提供了法律上的保障。

（五）矿产资源区域生态修复方面的立法

我国现有矿产资源区域生态修复的立法，主要集中在《环境保护法》（2014 年修订）、《中华人民共和国矿产资源法》《矿山地质环境保护规定》等法律规定，这些法律法规对矿区生态修复、矿产资源开发以及开发后的修复责

任做了相应的规定。《环境保护法》第三十条规定：“开发利用自然资源，应当合理开发，保护生物多样性，保障生态安全，依法制定有关生态保护和恢复治理方案并予以实施。引进外来物种以及研究、开发和利用生物技术，应当采取措施，防止对生物多样性的破坏。”《中华人民共和国矿产资源法》第三十二条规定：“开采矿产资源，应当节约用地。耕地、草原、林地因采矿受到破坏的，矿山企业应当因地制宜地采取复垦利用、植树种草或者其他利用措施。”《矿山地质环境保护规定》（2009 年）第三章初步确立了矿山环境治理恢复的法律制度：一是明确申请采矿许可证必须有矿山地质环境保护与治理恢复方案，并且报有批准权的国土资源行政主管部门批准；二是规定因开采矿产资源造成矿山地质环境破坏的，由采矿人负责治理恢复；三是确立了采矿人应当缴存矿山地质环境治理恢复保证金，且数额不得低于矿山地质环境治理恢复所需费用，该费用在采矿权人履行了矿山地质环境治理恢复义务后，按履行情况返还相应额度的保证金和利息。该规定为我国矿区地质环境的修复实践提供了较为具体的法律依据。

此外，各地也相应出台地方法规、政府规章及规范性文件。比如，湖南省国土资源厅在 2004 年就颁布实施了《湖南省矿山地质环境恢复治理验收办法（试行）》和《湖南省矿山地质环境恢复治理验收标准（试行）》，对治理矿山地质环境的验收主体、验收程序、验收标准及验收后的责任等均做了规定；2013 年又提出了《关于改进矿山地质环境保护与恢复治理工作的通知》，进一步强调恢复治理矿山地质环境的重要性和必要性；2001 年湖北省人大常委会通过《湖北省地质环境管理条例》，开始对地质环境的保护和治理进行规范；到了 2009 年，湖北省国土资源厅针对矿山地质环境保护，减少矿产资源勘查开采活动造成的矿山地质环境破坏，颁布实施了《湖北省矿山地质环境保护规定》；2011 年湖北省国土资源厅还颁布实施了《湖北省矿山地质环境治理项目管理暂行办法》《湖北省地质灾害治理项目管理暂行办法》《湖北省地质遗迹保护项目管理暂行办法》及相关实施细则，对合理开采矿产资源、完善恢复矿区生态环境相关制度等方面做出了详细的规定，这对做好当地矿区的生态环境的恢复治理工作起到了一定的保障作用。

三、我国生态修复立法取得的成绩

生态修复立法在我国是一个新兴的法学领域，通过多年的理论和实践的探索，我国在生态修复立法方面也取得了一些可喜的成绩。

（一）各地方对生态修复立法进行了有益的探索

淮南市制定的《淮南市采煤塌陷地治理条例》是我国第一个专门规范采煤塌陷区生态修复的地方性法规，为我国采煤塌陷区的生态修复实践提供了很好的法律制度保障，之后各地方出台的矿山地质环境恢复治理的法律规范或政策性文件，大多受到该条例的影响。关于湿地生态保护和修复方面，黑龙江省率先制定的《黑龙江省湿地保护条例》成为全国湿地保护的典范，之后各省市的湿地保护条例基本上都参照了《黑龙江省湿地保护条例》，并且直接推动了全国性的《湿地保护管理规定》（2013 年）的出台。此外，《湖南省湘江保护条例》作为一部综合性的地方性法规，也为实现跨行政区域、按生态系统或自然资源属性对生态环境进行统一保护和修复提供了很好的借鉴。关于生态修复资金保障制度，我国各地方从采矿区生态修复的实践需要出发，制定出矿山环境治理恢复保证金的相关规范性文件，为生态修复的资金制度提供了有益的借鉴。

（二）各地方的生态修复立法与制度改革紧密结合

各地方立法以解决具体问题为原则，为我国生态修复立法指明方向。比如，内蒙古草原生态修复过程中，2010 年 10 月，国务院决定实施草原生态保护补助奖励机制，用于草原禁牧补助、草畜平衡奖励、牧草良种补助和牧户生产性补助等，内蒙古自治区随后制定了《内蒙古草原生态保护补助奖励机制实施方案》《内蒙古自治区禁牧和草畜平衡监督管理办法》（2011 年）、《内蒙古禁牧、草畜平衡监测评价标准与方法》等配套性文件，促进补助奖励机制、以草畜牧、草畜平衡制度的完善和落实，在实践中也取得非常好的实施效果，为我国生态修复立法提供了实践经验。

四、我国生态修复立法存在的问题

（一）立法理念滞后

现有的生态修复立法中，大多数还只是着眼于对生态环境要素本身的保护或修复，而忽视生态环境要素的生态效益和生态价值，更没有将实现人类社会经济可持续发展的理念运用到生态修复实践中。比如，《土地复垦条例》第二条规定“本条例所称土地复垦，是指对生产建设活动和自然灾害损毁的土地，采取整治措施，使其达到可供利用状态的活动”，可见我国的土地复垦仅指修复土地本身。

《中华人民共和国渔业法》虽经两次修订，但立法的出发点仍是对渔业资源的利用，而非立足于对水生生物资源的保护和可持续发展。除了《森林法》

《草原法》的立法目的体现出“保护和改善生态环境”“维护生态平衡”之外，《中华人民共和国矿产资源法》《中华人民共和国土地管理法》等都无法体现出对生态效益和生态价值的考量，其立法思想仍然停留在以资源利用为目的的阶段。即使是《湖南省湘江保护条例》这样一部综合性地方法规，也只是从保障湘江流域生活、生产和生态用水安全的角度，提出对水资源的管理和保护，而忽视对湘江流域土壤、生物多样化、野生动物等资源保护的规定。

（二）法律体系零散

从环境保护基本法来看，《环境保护法》（2014 年修订）中尚无生态修复的法律规范；从单行法来看，目前还没有以生态修复为主要目标的针对性立法，在相关的环境保护单行法中，与生态修复有关的法律规范也非常零散，针对性不突出，相关法律制度之间缺乏有机联系，甚至相互冲突。此外，生态修复的许多规定目前仍只是停留在政策层面，没有上升为法律规范。总体来看，我国生态修复立法无论是从立法的质量还是数量都还远不足以满足生态修复的实践需要。

（三）具体的法律制度不完善

我国目前生态修复立法大多停留在政策层面上宏观性、原则性的规定，具体的生态修复法律制度缺乏或者不完善。在矿区生态修复方面，虽然有《土地复垦条例》《矿山地质环境保护规定》，但没有检验矿区生态修复效果的具体化标准，更无维持生态修复效果、生态修复追责等方面的规定。淮南市采煤塌陷区生态修复工程实践中经常出现修复之后不了了之或者反复修复；湘江流域重金属治理工程由于一直没有制定出符合实践的土壤重金属控制标准，致使沿江农业土壤及拆迁企业遗留土地的重金属治理工程一直未能启动。现行的《森林法》中就完全没有具体的、可适用的森林生态保护和修复条款，即使该法中确立了森林效益补偿基金制度，也只是原则性的规定，截止目前，国务院仍没有出台有关森林生态效益补偿基金的管理办法。《草原法》实施至今 30 多年之久，仍没有全国性的实施条例或实施细则，只有各地方省市（自治区）制定的草原法实施细则，这给《草原法》的正确、统一实施带来很多负面影响。

（四）法律规范失衡

法律规范失衡一是体现在各地方省市对生态修复的法律规定不一致。比如，就矿山环境治理恢复保证金缴纳方式而言，广东省区分保证金的数额可以一次性缴付或分期缴付，而湖北省则根据采矿权许可证的有效期不同设定一次性缴付或者分期缴付；保证金的数额有按采矿权许可证登记的面积计算的，有依据建设规模计算的。二是体现在我国生态修复法律责任的失衡，民事责任规定不足，刑事责任缺乏操作性。现行生态修复责任中，行为人违反生态保护义务多是给予行政处罚，而对于如何补偿受害者的民事责任则鲜有规定，构成犯罪的依法追究刑事责任，但认定犯罪只能依据《中华人民共和国刑法》(以下简称《刑法》)及刑事司法解释，而我国《刑法》中对破坏草原、破坏湿地、破坏林地等情节严重的违法行为，并没有设置相应的刑事责任条款，也没有单独规定破坏生态环境罪，致使实践中大量破坏生态环境的行为难以被认定为犯罪。此外，法律义务和法律责任之间不配套，重要的法律义务没有规定相应的法律责任，使得法律义务形同虚设。比如，《中华人民共和国土地管理法》(以下简称《土地管理法》)规定"禁止毁坏森林、草原开垦耕地，禁止围湖造田和侵占江河滩地"，但《土地管理法》并没有规定行为人"围湖造田"应追究什么责任的问题，以至于实践中，大量的围湖造田破坏水生态环境的行为难以追究法律责任。

五、生态修复立法的国外经验

(一)国外生态修复立法的基本状况及实践

西方发达国家往往是工业革命开始较早的国家，环境问题出现得也较早，环境保护都走在世界的前沿，而有关生态修复的立法方面更是积累了丰富的经验。因此，探讨西方发达国家的生态修复立法状况及其实践意义，必能为我国的生态修复立法汲取有益的借鉴。

1.美国的生态修复立法

美国最早的关于土地复垦的法律是西弗吉尼州在1939年颁布的《复垦法》，其后各个州纷纷仿效制定矿区土地复垦法律。到了1975年，美国已有34个州实施了土地复垦法律，但由于各州矿区土地复垦的实际需求不同，矿山土地复垦的法律标准也不同。1977年美国颁布了第一部全国性的土地复垦法——《露天采矿管理与土地复垦法》，该法统一了美国的露天采矿管理制度和土地复垦标准，使美国露天采矿管理和土地复垦走上法制化道路。

《露天采矿管理与土地复垦法》制定了严格的采矿许可证制度，单位或个人申请采矿许可证，必须有采矿后的复垦计划书，对没有合格复垦规划的开采申请，州管理机构或内政部不予发放采矿许可证；规定了严格的复垦保证金制度，即申请人在采矿许可证获批但尚未发放前，必须缴纳复垦保证金，该保证金是在采矿者不履行复垦义务时用于支付复垦作业费用的，这一制度促使采矿企业积极履行复垦义务，并为完成复垦提供了初步的资金保障。我国关于矿山地质环境恢复保证金的法律规范大多受其影响。《露天采矿管理与土地复垦法》还以该法颁布的时间为标准区分矿区生态修复的责任主体及资金来源，对于该法颁布后出现的矿区土地破坏，一律按照“谁破坏、谁复垦”的原则确定责任主体，并且资金来源主要是复垦保证金；对于该法颁布前已经被破坏的废弃矿则由政府负责复垦，资金来源是废弃矿复垦基金。正因为有“废弃矿复垦基金”，才使许多在该法实施前已经被严重破坏的废弃矿区土地可以复垦，有效予以修复。美国在土地复垦中主要奉行商业化机制和互惠机制。由专业化的土地复垦公司来完成土地复垦工作，公司的收益主要来自收取废弃固体物的处理费和复垦后的土地典卖。由于这类公司能够将处理废弃固体物与土地复垦进行有机结合，因此受到美国政府的大力支持和鼓励，同时由于这类公司主要是靠商业化运行机制，又能够获取丰厚的商业利润持续运营，因此成为美国土地复垦的一个新的发展方向。所谓的互惠机制往往是煤矿企业与发电厂之间达成长期的供煤合同关系，煤矿企业为发电厂提供发电所需的煤炭，而发电厂则将使用后的煤灰粉作为填充物回填矿坑，发电厂往往还支付一定的固体废物处理费给煤矿企业，对于煤矿企业而言既解决了土地复垦的填充物问题，又解决了复垦资金问题，而对发电厂而言则解决了固体废物处理的问题。

1980 年美国国会通过《综合环境反应、赔偿和责任法》，该法是美国针对危险物质不当处置引起的土壤污染和自然资源损害进行的联邦环境立法，又因其中的环保超级基金而闻名，因此通常被称为《超级基金法》。该法所确定的环保超级基金是政府用于支付因排放有害物质造成环境损害和财产损失所需要的治理费和赔偿费，而超级基金的资金的主要来源是税收、财政拨款及基金收益。根据《超级基金法》的规定，只有当环境损害的责任主体不能确定或无力或不愿意承担治理费和赔偿费时，超级基金才可以被用来支付上述费用。在支付完上述费用后，超级基金可以向“有关责任主体”追索已支付的费用，且“有关责任主体”承担“连带、严格和回溯的无限法律责任”。该法在美国实施以来，经过多次的调整和修正，实践证明取得非常好的生态治理修复效果，为美国的环境保护和生态修复做出了重大贡献。

美国早在 1934 年就颁布了《泰勒放牧法》，对放牧的范围、数量进行限定，以控制草原退化、沙化；1935 年颁布《水土保持法》，成立水土保持局以帮助农场主采取有效措施，减少水土流失；随后美国联邦政府陆续针对草原保护和修复出台了《森林地和草地牧场可更新资源计划法》（1974 年）、《国有草地牧场改良法》（1978 年）、《林地和草地牧场资源推广法》（1978 年）等。美国草原生态修复法律制度最值得借鉴的是草原土地管理制度。其一，美国将土地分类为公共土地和私有土地，公共土地由内政部土地管理局管理，国家有权对其进行转让、出租、抵押或买卖，有权改变土地用途，但对于私有土地、私营牧场，政府不能干涉所有者的权利行使；其二，针对已经退化的私营牧场，美国政府有权购买，并将牧场使用权转移给更适合经营的人；其三，草场保护与草场使用同时进行，如草场开发时必须在另一个地区建立相当被开发草场五分之一面积的保护区；其四，建立草场管理信托基金，委托农业专业机构管理和保护草场。

2. 澳大利亚的生态修复立法

澳大利亚是世界上天然草原面积最大的国家，素有“骑在羊背上的国家”之美誉。近200年来，养羊业一直是澳大利亚经济的主要支柱，但到了20世纪初，澳大利亚的草原就因过度放牧退化相当严重，整个草原生态系统的恶化直接威胁到了动植物的生存，澳大利亚政府开始采取措施保护和修复草原生态系统。

澳大利亚对草原生态修复集中体现在治理杂草上。1997年6月，澳大利亚为治理杂草系统性地制定了“国家杂草治理战略”，提出生产力和自然生态系统在可持续发展的基础上降低杂草危害的机制，强调杂草治理行动必须是在资源管理者和生态系统管理者的合作和统一下进行，即政府与企业和社区进行合作，由土地管理者负责统一综合治理。①

澳大利亚在土地生态修复方面同样具备完善的法律制度。1992年澳大利亚出台《国家生态可持续发展战略》，明确严格开采矿产资源，只要出现严重或不可逆转的破坏环境的可能性，必须放弃对矿产资源的开采。澳大利亚同样具有严格的采矿许可证制度，申请人申请采矿许可证必须与土地所有者达成土地经济损失补偿协议和土地复垦协议。通常情况下，很多小的矿山企业因无力应对土地复垦的法律责任而纷纷倒闭，大规模的矿山企业得以申请采矿许可证，从客观上减少了对生态环境的破坏。1996年澳大利亚制定了《矿山环境管理规范》，开始实行抵押金制度、年度环境执行报告书、矿山监察员巡回检查制度等。② 抵押金制度与美国的土地复垦保证金制度类似，环保局根据上年度矿山企业土地复垦完成情况和参照周边类似案例核算土地复垦费用，进而确定抵押金的缴纳额度，具体的缴纳比例则可以根据土地复垦的实际效果确定，上一年度复垦效果比较好，则抵押金的缴纳比例可以很低。抵押金可以现金缴纳，也可以通过银行或者其他金融机构以担保的方式提供担保，但抵押金的数

---

① 李挚萍．环境修复法律制度探析[J]．法学评论，2013(2):104.

② 吴鹏．最高法院司法解释对生态修复制度的误解与矫正[J]．中国地质大学学报，2015(4):46.

额要足以保障完成土地复垦任务。年度环境执行报告书则是矿山企业记载该年度环境恢复治理工作的实施情况向环保部门报告的文书，是环保部门实现对矿山生态恢复治理工作动态监测的手段之一。矿山监察员巡回制度则是派矿山监察员到现场检查矿山生态修复的具体情况，发现问题后，可以直接“通知整改”“书面指导”，甚至请示上级后做出“收回采矿权”的处理，从而实现对矿山生态恢复治理的直接监督。

澳大利亚针对生态保护和修复非常重视利用市场经济手段，主要的制度有三个：①实行排污额阶段付费制度，即政府通过排污许可确定企业的排污限额，在限额范围内，排污费随排污量的增加以小比例增加；超过限额的，排污费则随排污量增加以较大比例增加，付费具有“惩罚性”，以此促使企业减少排污；②排污权交易制度，即政府部门根据环境容量确定出一定区域的环境质量目标，进而计算出最大允许排污量，然后将其分解成若干允许的排放量，即排污权，政府通过公开竞价拍卖、定价出售或无偿分配等手段，使排污权得以转让和买卖，排污者根据污染程度，决定买入或卖出相应数量的排污权；③环境审计制度，即对企业不是实行单纯的财务收支情况审计，而是将资源消耗情况、环境污染状况、环境治理情况、专项治理资金情况等都纳入企业经济发展评估体系，促使企业加强管理，提供节能减排技术。

3. 德国的生态修复立法

19 世纪初到 20 世纪 70 年代，德国的生态环境一直遭受工业发展和战争的双重污染和破坏，从 20 世纪 70 年代起，德国出台了一系列有关环境保护和治理的法律规范。时至今日，德国已拥有世界上最完备、最详细的环境保护法律体系，联邦及各州的环境法律、法规有 8 000 部，还实施了约 400 个欧盟的相关法规。1974 年德国出台《联邦污染防治法》，确立保护人类健康、生物、自然资源和人文环境，使它们免受空气污染影响的总体目标，并且针对大型企业制定了非常严格的排放标准：一是空气质量达标的标准，即为空气中的主要污染物设定临界值，并且明确污染物含量的测量及计算方法；二是最高排放标准，即全国范围内某一污染物排放的最大量控制标准。该法经过多次修订和补充已经成为德国最重要、最基本的环境污染治理法，后来为了推动该法的实施，德国联邦又制定了完整的配套的法规，法规内容涵盖空气质量管理的各个方面。

1980 年德国制定《联邦矿山法》，严格规定土地修复的环保要求和质量标准，如实施“异地等面积恢复”，即如因矿产资源开采需占用林地、草地，则必须进行异地等面积的土地复垦和植被恢复；还有“边开采、边复垦”制度，并且要求将露天开采的土层区分表层土、深层土分类堆放，回填时仍按照原来的土层类型回填，以确保土地复垦后迅速恢复作物能力。德国和美国、加拿大一样，规定了严格的矿区土地修复资金制度，对于历史遗留的矿区生态修复问题，德国联邦政府成立矿山复垦公司专门从事矿山恢复工作，复垦的资金按照联邦政府 75%，州政府 25% 的比例承担。对于新开发的矿区，根据《联邦矿山法》的规定，必须预留复垦专项资金，一般按企业年利润的 3% 留取。

德国在生态修复实践中和澳大利亚一样，往往借用市场机制来解决具体的生态修复问题。比如，在土地修复中，德国政府往往与专业的环保企业合作，政府投资由环保企业利用科学技术对土地进行修复，然后出售给需要用地的企业获得收益，政府和环保企业共享利润。

德国在生态修复的实践中，非常注重循环经济和生态补偿及税收方面的立法。1991 年德国实施《商品包装条例》，明确规定商品生产者有义务回收和利用使用过的产品，包装生产商有义务回收使用过的包装材料；1994 年德国颁布《循环经济法》，该法确立了杜绝废弃物产生、物品循环利用和最终无害化处理的三大原则。为了开拓节能潜力、开发和利用可再生能源，德国还在生态税收方面进行改革，1999 年德国颁布《生态税改革实施法》，2003 年颁布《进一步发展生态税改革方案》，将税收从按劳动力因素负担转为按环境消费因素负担。

时至今日，德国是世界生态环境最好的国家之一，也成为世界上对环境污染治理最早且成绩显著的国家之一。

4. 加拿大的生态修复立法

加拿大是世界上第三矿业大国，采矿业在加拿大的国民经济和社会发展中一直是支柱产业，矿产资源为加拿大的经济发展做出巨大贡献的同时，为加拿大的生态环境和居民健康带来了严重威胁。到了 20 世纪 70 年代，加拿大联邦政府开始针对矿区生态环境进行一系列的整治和修复，形成了一套完整的有关矿区环境保护和修复的法律法规。

加拿大最为重要的一部联邦性法律是《露天矿和采石场控制与复垦法》，该法为土地修复制定了严格、科学的规定，严格了采矿许可证制度，明确了矿山环境恢复资金来源，规范了各政府部门的职责。各省也纷纷参照该法制定了专门的矿山环境保护和土地复垦的法律规定，但大都围绕《露天矿和采石场控制与复垦法》的基本框架和内容。申请采矿许可证必须提供矿区环境评估报告和矿山土地复垦环境恢复方案，包括闭矿、复垦及后续处理或监督费用的预算及实施计划，方案一旦批准必须严格执行，采矿许可证到期后，只有当矿山企业完成土地复垦义务后，政府才会收回矿区土地，否则政府不予收回。

加拿大的土地修复法律制度具有完善的矿山恢复资金制度。矿山企业在开采之前要提交环境恢复方案，通过该方案由政府和矿山企业商定矿山环境恢复保证金的具体数额，矿山企业从取得第一笔矿产品销售款开始，就要提取部分收益作为复垦基金，该复垦基金通常交由银行或专门的复垦公司监管，用于保障闭矿后的矿山环境恢复工作。矿山恢复资金数额必须保证能够完成矿山环境恢复任务，因此一般都较为巨大。为了减少矿山企业的资金压力，加拿大的矿山恢复资金可以有多种方式：①现金——从矿产品销售收益中直接提取；②资产抵押；③信用证——由银行代表矿山企业支付给复垦公司期票或保付支票等；④债券，矿山企业以购买保险的形式，由债券公司提供债券给复垦公司；⑤法人担保。

在草原生态修复方面，加拿大最早在1935年就成立草原农场恢复局，专门负责草原生态保护建设、畜牧业、林地、水利和草原野生动植物等方面事情，同时在重点地区设立监督管理、科研、技术推广机构，共同开展草原治理工作。政府还拨付巨款，进行草原围栏、草地治理、移民搬迁等方面的工作，综合修复草原生态环境。

经过几十年的努力，加拿大的生态环境已经进入了人与自然和谐共处的状态，加拿大也因此成为西方发达国家领导全球环境治理的典范。

（二）国外生态修复立法的启示

从以上对国外生态修复的政策、法律法规的介绍不难发现，发达国家都非常重视环境治理方面法律体系的建设，而且针对生态修复制定了强大的资金支持制度，同时积极创新市场机制。

1. 重视生态修复立法体系建设

所谓“徒法不足以自行”，只有建立完善的法律体系，法律与法律之间能够相互配合，法律的实施才能相得益彰。美国早期的土地复垦，由于各州均制定了土地复垦方面的法律规定，适用标准差异较大，美国联邦政府通过出台《露天采矿管理与土地复垦法》统一了各州的土地复垦规定，各州在该法的框架之下，可以制定更适合自己本州的法律条例和相应的土地复垦标准，但基本原则和程序不能违背《露天采矿管理与土地复垦法》，该法的出台标志着美国土地生态修复（尤其是矿区地质环境方面）进入了法制化时代。德国既有涉及矿山环境保护和恢复治理的《土地整理法》《废弃地利用条例》等综合性立法，又有《矿山采石场堆放条例》《控制污染条例》等具体的法律，对矿山废弃地的恢复与治理的主体、程序、内容、法律责任等都进行了规定，形成了完备的矿山环境修复法律体系。德国出台《联邦污染防治法》，在全国统一了大气污染治理标准，为了推进该法的实施，德国联邦政府还相应地制定了非常完整的配套法规，有力地推动了德国生态环境污染防治工作的顺利进行。加拿大同样如此，联邦政府出台《露天矿和采石场控制与复垦法》后，各州基于上述法律的框架，再制定自己的有关矿山环境保护和修复的法律，有些法律甚至比联邦政府的法律更加严格、具体，为解决具体的生态修复问题提供了法律保障。

2. 完善的生态修复资金保障制度

西方发达国家的生态修复工程之所以能持续十几年甚至是数十年，至为重要的一个原因就在于生态修复工程的资金保障制度完善，主要体现在以下几个方面：

（1）资金渠道多。生态修复资金可以由污染企业支付，也可以是财政拨款，还可以是从生态环境税收中提取，还有就是社会团体捐赠。

（2）资金收取标准灵活，但总额要求严格。收取的标准可以根据生态修复工程的规模、地理、地质环境及同地区的个案综合确定（如美国），也可以综合上一年度生态修复的效果和周边地区生态修复工程情况确定比例（如澳大利亚），还可以按照企业生产经营的收益或利润按比例提取（如德国和加拿大），但无论是按照什么标准和比例收取生态修复保证金，都必须保证该费用金额可以完成生态修复的任务。

（3）资金形式多元化。西方国家对生态修复的资金并不完全要求必须以现金的方式缴足，也可以是金融机构提供的信用证、支票或者债券公司发行的债券，甚至可以是财产抵押或法人保证。

（4）资金监管到位。西方国家非常重视环保资金的监管，如德国联邦审计院早在1992年就成立了环境审计处，专门负责审计监督联邦预算环境保护专项资金的管理和使用情况，各州的审计院负责审计本州的环境保护专项资金的管理和使用情况；美国、加拿大都已经形成了较为完备的环境审计制度，充分发挥了保障和监管环保资金使用方面的巨大作用。

3. 充分利用市场机制和激励机制

我国环境保护和生态修复的手段非常单一，目前大多数仍采取关、停、罚等行政强制手段，而实践表明，仅靠行政命令、检查和处罚难以达到可持续修复生态环境的目标，利用经济手段促使责任主体积极履行生态修复义务是国外运用比较成功的机制。比如，美国设立超级基金用于环境保护和生态修复，该基金通过向污染企业征税来筹措资金，然后通过基金运作将收益用于修复废弃土地，或者通过诉讼方式让污染企业“买单”，还有美国的互惠机制；德国联邦与地方政府合资成立专门的矿山环境修复公司，对矿产资源的开发进行生态补偿以及负责矿山环境的生态修复，然后将修复好的土地再租赁或卖给需要的企业获得收益；澳大利亚实行的排污额阶段付费制度、排污权交易制度等都是非常成功的市场机制和激励机制。

生态修复的未来融资一定是在“污染者付费，受益者承担”的基础上，引入商业资本，无论是传统的信贷、信托、基金、债券、商业保险，还是借助互联网金融，如众筹、P2P 网贷、第三方支付等，只要能够依托环保产业，加以创新，都可以为生态修复产业发展做出巨大贡献。

第三节　生态修复立法的法理基础

有效推进生态保护工作，必须依靠完善的法律制度建设，而法律制度建设需要有正确的理念统一思想，引领行动。所谓理念，是指具有理性的观念，又称价值观念。一般认为理性是指合乎自然规律和社会规律或者合乎人的本性（人的本性是人的自然性与社会性的统一）。所以，法律理念就是合乎自然规律和社会规律或者合乎人的本性的法律观念。法制建设的理念是指合乎自然生态规律、社会经济规律的基本观念。它是生态法的灵魂，是构建生态法学理论体系与法律制度体系的出发点，是生态法律制度规定、强调、宣示或体现的基本观点，是体现立法目的的思想基础、动机根源、基本原则的出发点，是生态法制建设的必然性、应然性、实然性和价值性的集中反映。① 因此，只有以正确的理念作为指导，才能在生态法制建设中坚持正确的方向。

一、生态正义

所谓生态正义，是指人类社会在处理生态保护问题时，面向各群体、区域、民族、国家分配权利与义务时的公平对等。生态正义的核心在于分配正义。全人类只有一个地球，相对于全世界的总人口而言，资源具有稀缺性。也正因为资源的稀缺性才有了分配的问题。资源稀缺是我们在此讨论“分配正义”问题的起因。当人类认知逐渐摒弃了“地球资源取之不尽、用之不竭”的观念，认识到生态环境资源也不是“按需索取”的自由财富时，“生态正义”就登上了历史舞台。

① 高正文．澳大利亚环保考察印象 [J]. 生态经济，2006(11):142.

亚里士多德将正义分为分配正义（Distributive Justice）和校正正义（Compensatory Justice）。分配正义是指分配财富、资源、权利、荣誉等价值时，对相同的人相同对待，对不同的人不同对待，即为正义。与之对应，校正正义是上述价值受到损害时，损害者应当承担恢复和补偿责任，受害者应当获得补偿，无论谁是损害者，也无论谁是受害者，即为正义。这也是罗尔斯所主张的实现正义的两原则：平等自由原则和差别责任原则。我们的法律制度应该如何设计才能体现正义的要求呢？在罗尔斯看来，所有的财富和收入都应该平等地分配，这就是平等自由原则。但在现实生活中，完全的平等是不可能的，每个人获得利益和承担损害都是有大有小的，分配结果只有在结果能给每一个人，尤其是那些最少受惠者带来补偿利益时才是正义的，也即较大利益获取者要对最少利益获取者承担补偿的责任，要区别对待不同的利益获取者。之所以有这样的差别责任原则，还是基于平等自由原则。罗尔斯的分配正义思想对环境法律制度的设计尤其是责任原则的深化起着重要的指引作用。

可以直接从社会结构和社会制度的正义性来认识生态正义问题。生态正义是由生态环境因素引发的社会公正对待的正义主张。受到生态正义运动的启发，人们改变了以往法律制度设计的路径依赖，将正义的理念融入了生态法律制度建设之中，回到了法的精神本源。人类以一种全新的正义思维面对关乎生态资源分配的制度设计问题，摒弃了狭隘的人类中心主义和个体中心主义，目的在于消除人为因素导致的生态利益分配的不平等。生态正义理念可以推导出生态安全、生态公平、生态秩序、生态民主、生态效益和可持续发展等生态资源法学理念。其中，维护生态安全是对生态正义的起码要求；追求经济效益、社会效益和生态效益的最佳统一是实现生态正义的基本途径；实现生态公平，包括代内公平、代际公平、区际公平和种际公平是最能体现生态正义的特色观念、核心观念；维护和追求人与自然和谐共处、人与人和谐共处是生态正义的终极目标。

生态修复法律制度是生态利益的正当化及法权化的表达形式。生态环境资源属于全人类，属于当代人也属于后代人。根据生态正义的分配正义或平等自由原则，每个人都应当平等享有生态利益。但是由于政治、经济、社会的现实不平等性，人们开发利用资源的机会是不同的，利益分配的结果也不能体现平等自由原则。实际上的少数人的生态利益获取损害了生态正义理论上所有人包括后代人平等自由享有生态利益的权利。实现生态正义理念之平等自由原则之下的代际公平和代内公平观念的要求，当代人的生态利用行为不能损害其他人应对生态享有的利益，不能损害后代人的生态利益。因此，根据校正正义或者差别生态责任原则，应当由生态利益较大获取者对较小获取者或者受损者承担利益补偿的生态责任。责任的方式或者支付生态补偿金或者修复受损的生态，修复的方式有亲自实施修复行为，或者付出生态损害赔偿金的代价，由他人代为修复。

生态修复是生态资源开发利用活动中获取生态利益、造成生态损害者应当做出的一系列治理、修复行为。虽然生态修复是系统性法律制度，但是以生态责任为视角，生态修复最直接、最本质的体现仍然是一项生态责任。生态责任包含环境违法行为产生的不利后果和生态治理义务两部分。生态责任的分配不同于一般的环境负担分配，它是对先前的环境利益与负担分配的非正义性的矫正，核心是体现现实中不同主体的差异性。

我们虽然总是强调在生态利益上人类的共同利益和未来，但是此处的“人类”只是个抽象的存在，并非现实中生态利益不同的实际享有主体。不借由“共同的目标，共同的需求”，掩盖忽视利益主体的差异性和相互对抗性。因此，差别是生态正义的应有之义，是当下生态责任分配的一个基本属性。

1990 年西方国家提出了公共事务治理的多中心模式，之后建立生态环境保护的多中心体制越来越受到重视。传统生态环境责任理论把政府、企业、公民三类作为生态责任的主体。然而，根据生态正义的外部性内部化及考虑需求、历史现实等因素，从另外一个角度划分生态责任主体。从各主体与生态系统的关系差异入手，包括管理者、利用者、受益者 、破坏者等类型，根据其对生态系统的影响力分配应当承担的差别生态责任。

造成生态损害的人往往是开发利用生态资源者，根据生态正义的要求及环境责任原则，由他们主要承担生态修复责任，根据他们是否具有修复能力，修复责任具体方式也不同。他们如果欠缺修复能力则需要承担生态损害赔偿金，将实际的修复责任交由专业的修复单位，这些单位承担修复责任往往是基于合同或者政府委任。由于某些原因，一些生态损害难以确定修复责任人，则最终会由国家承担修复责任，基于的理论基础是公共财产信托理论。除了上述原因，国家在生态修复中最应该呈现的角色是生态修复的监管者。

综上，生态修复中不同的主体承担不同的责任，是立足于生态整体主义的高度，切合生态正义差别责任原则做出的应对。

二、生态安全

我国目前生态资源的破坏性开发利用和各种形式的污染导致生态系统功能退化严重，如果不能得到及时的遏制和修复，将会威胁生态安全，制约我国经济的可持续发展。生态安全是国家安全的重要组成部分。1987 年世界生态与发展委员会在《我们共同的未来》中明确提出："安全的定义必须扩展，超出对国家主权的政治和军事威胁，而要包括生态恶化和发展条件遭到的破坏。"我国于2000年发布的《全国生态环境保护纲要》也要求"维护国家生态安全"，并认为这是生态保护的首要任务。

（一）生态安全的定义

如前所述，"生态"是指地球上所有的生命体与无机生态之间的相互作用系统，人类是"生态"的一部分。"生态"强调客观对主体的效应，主体对客观的适应；"生态"表述了主体（人类）和客观（无机生态和其他生命体）的相互关系。"安全"是一种所指对象未处于危险或威胁的状态，只有所指对象受到某种危险或威胁时才会形成安全问题。不可否认的是，我们谈论安全的问题都是站在人类的视角。生态系统是有生态阈值的，也就是能够维持自我功能恢复调节并能支撑人类生存发展的最大限度，生态系统受损害超过这个限度就会产生安全问题。

生态安全具有两层基本含义：一是生态系统本身的安全，即其内部结构是否合理和功能是否正常，生态整体是否平衡；二是生态是否能够安全地满足人类生存发展的需求。综上，生态安全是指，生态系统不但自身处于没有危害、不受威胁的状态，而且处于对人类没有危害和威胁的状态，能够正常地为人类提供各项服务。

（二）生态安全的要求

1.生态系统的内部要求

从生态系统内部来说，生态安全就是维持自我的平衡。与陆上生态系统类似，生态同样通过正负反馈机制维持自身的稳态。但是，这种自我调控的能力存在上限，即"生态阈值"，也就是生态系统的承载力。生态系统承载力的大小取决于生态的自我调节能力及人类施加的压力。当人类施加压力在生态的自我调解能力范围之内时，这种调解能力会消解人类施加的压力，消除破坏，生态逐步恢复平衡；当人类施加的压力超过了生态系统的自我调节能力时，会使这种调节能力进一步降低，甚至崩溃瓦解。此时生态平衡遭到破坏，生态退化，甚至生态系统崩溃。所以，生态系统内部的生态安全是在生态承载力基础上的一种自我平衡。生态承载力或者"生态阈值"的存在为生态开发管理活动和生态保护法律制度的设计提供了底线边界，是生态安全的内部要求。这就要求在法律制度设计中要遵循生态承载力极限规律，严格设立法律禁止条款，保障生态安全，如开垦控制制度、审批制度、排污许可制度、总量控制制度等。

2. 生态系统的外部要求

生态提供给人类的生态服务功能包括调节、供给、文化、支持服务等与人类生存发展息息相关的方面。生态安全的外部要求就是生态之于人类能够提供正常的生态服务功能。生态是否能为人类提供这些生态服务，一方面由其自身生态承载力客观条件限制，另一方面取决于人类活动的影响。由生活方式、生态意识、经济水平、技术水准、国家意志等因素决定的人类活动对生态的影响有正负两方面。负面影响体现为对生态造成的干扰破坏，即开发利用和排污行为；正面影响是对生态的维护、修复。通过人类主观能动性的发挥，正面影响可以增进，负面影响可以限制和改进。比如，人类可以通过技术研发、提高管理水平、设计法律制度等主观能动作用，发现生态新能源，减少生态资源浪费，减少生态排污，修复海岸带和海岛，增育生态生物，修复受损的生态服务功能。由于人类活动或自然本身的原因，生态系统难免会出现健康受到损害甚至不安全的现象。在立法工作中可以通过事先预防性和事后修复性的制度设计来规制人们的生态相关行为。生态系统修复就是指人类利用系统自身的自我恢复能力，施以一定的技术手段，促进系统逐步从受损状态恢复，最终实现系统整体功能的改善和恢复。

3. 可持续发展的要求

生态安全的外在衡量尺度就是人类施加的活动影响没有超过生态的自我调解能力限值。1972 年罗马俱乐部《增长的极限》中提出了地球资源和生态承载力的“增长极限”论，如果不加节制、不采取任何措施的话，照现在人类活动作用于生态的能力和速度，生态受损很快就会达到生态阈值。这样的极限预测理论警醒人们一方面收敛自己的污染与破坏行为，维护生态；另一方面也积极地进行受损生态的修复。这种极限理论是目前我们生态保护制度设计的重要理论依据，不仅使人们更加重视日益严重的生态问题，也促使发展观念转向可持续发展。生态安全是可持续发展的理论基础，也是可持续发展事业始终不能罔顾背离的客观要求。要求人们更多地关注生态系统风险，要求人们采取预防性的行动，要求人们在对生态产生不利影响之后能够积极采取修复措施消除不良影响，以保证生态的服务功能对人类可持续发展的支持作用。

三、生态价值

价值问题是哲学领域一个基本的问题，什么是价值？怎样做才是有价值的？这些问题属于认识论的范畴。近些年兴起了哲学的一个新的分支——生态哲学，该学科讨论的基本问题就是人与自然的关系的问题。从本体论的角度讲，生态哲学认为世界不是古代哲学认为的一元的，如中国所讲的“道”，也不是近代哲学所说的二元的，如“物质”和“精神”；世界应当是多元的，由多个主体共同作用，以维持系统稳定而有序的进化。本体论决定了在认识论和方法论上人们的思维和行为不能简单化、片面化、非系统化。从认识论的角度讲，生态哲学认识论应当包括以下内容：对生态价值的认识、关于生态问题根源的认识、关于生态规律的认识以及对人类保护生态行为有效性的认识。生态保护的各项实践活动属于生态哲学方法论的问题，其中包括生态修复活动。

关于“价值”的定义，我们会立即想到“有用性”和马克思对价值的定义“凝结在商品中的无差别的人类劳动”，由“社会必要劳动时间决定”。对于生态价值，现在来看，马克思的这个价值定义是讲不通的。理由有三：首先，最根本的一点是自然生态系统并不是人类劳动创造的，是天然的，是大自然的创造，所以不能用人类劳动时间来衡量。其次，自然生态系统整体并非商品，不是人类拿来在市场中交换的。如果一味将自然生态当作客体，当作市场中被交换的对象的话，这只能显示出人类中心主义的主观霸道，是一种主宰的心态，“自然是为我所用的”，这是对自然生态巨大价值的无视。有人类历史以来尤其是工业社会，所出现的各种生态问题、生态危机的根源就是人们这种对自然生态价值的认识论上的误解。最后，就算具体的生态资源进入人类市场被拿来交换，按照马克思的观点，它们的价值是由“社会必要劳动时间”决定的，这样论断的逻辑后果有两个：一是生态资源的价值只有“劳动”决定，生态资源的价值也只有“劳动价值”，显然是与事实不符的；二是衡量价值尺度是劳动，严重低估了生态的真正价值。比如，森林的价值如果只是伐木工人在砍伐、运输过程中所付出的劳动表现，并以此给森林定价，那么得出的结论是森林的价值是微薄的，显然这与我们现在对生态价值的认知是不同的。但是在我们深刻反省对生态价值的认识之前，人们确实是这么忽视自然资源的存在价值的，所以才会大肆掠夺。马克思关于价值的概念界定仅限于传统的政治经济学，在生态哲学中不能这么使用。

针对价值衡量尺度这一点的谬解对我们进行生态修复效果评价也是有启示意义的：我们不能只看投入了多少人类劳动来衡量生态价值和功能的恢复效果，而应该综合考虑自然生态价值的真正恢复情况。这样又回到了问题本身——自然生态“价值”到底是什么？

在哲学中，针对价值的含义有主观和客观两种论断。主观论者认为，价值取决于“人类的意志和情感”，通俗地讲就是人类认为有价值就是有价值。代表人物是美国实用主义哲学家威廉·詹姆斯和威尔海姆·文德尔班，显然这种主观价值论调是有问题的，最简单地说，人的意志和情感非常主观且随时会有变动，这是不是就意味着一项物品有时候有价值，有时候又没有价值了呢？显然是荒谬的。客观价值论的观点是价值是由生态的客观属性决定的，不以人类意志为转移。这种观点也存在说不通之处。举个例子，一朵花根据它的客观属性，会给人类带来美的价值。可是就是有人觉得它丑怎么办？所以，我们也不能脱离人类的情感和需要来定义生态的价值。本研究认为价值表达了一种关系，是主体满足客体需要的关系，也即“主体的需要 + 客体的价值事实”。综上所述，自然生态价值有两方面的含义：一是指客体自然生态对主体人类的有用性；二是指人类赋予自然生态的文化意义。① 具体体现在生态的伦理价值、审美价值、经济价值、宗教价值。除了这些对人类的价值之外还有生态对本身的内生价值。

上述价值就是客体对主体需要的满足。传统哲学认为只有人才有资格作为主体存在，与人有对象性关系的生态就是客体。价值就是生态对人类的意义。价值在此显示出客体对主体的单向性关系，即只是为了满足主体的需要。但是，这种只有客体对主体需要进行满足，而没有主体对客体需要的满足的单向价值关系符合辩证法吗？客体就没有任何需要吗？是否存在主体对客体的需要满足呢？如果存在的话，作为主体的人类应该如何行为才能满足作为客体的自然生态的需要呢？从辩证法的角度来理解，主体与客体的价值关系应该是双向的、相互满足的，否则主客体之间的对象性关系就是不完备的。在传统哲学中对客体的理解强调其物理特性和被动性，客体的需要被忽视了，客体也就无所谓需要满足了。事实上，作为客体的自然生态是有自己的独特的需要的，如我们通常认为自然界是有规律的，人类要遵循这些客观规律与其打交道，就如比·特雷莫所说“不以伟大的自然规律为依据的人类计划只会带来灾难”②。可见，自然生态作为客体也有自己的需要，这种需要应当以自然规律的方式得到满足。

生态哲学在价值论上与传统哲学相比，在对主客体的价值关系的理解上有重大突破：一是对人与自然生态的角色进行重新定位；二是完善人类与自然生态的双向关系，即两者互为主体与客体的关系，自然生态能满足人类的需要，人类的实践活动也应当遵循自然规律，满足自然生态的需要。

在发生自然生态严重受损的情况，且无法通过其自身修复能力完成自我修复的情况下，首先，生态系统对其自身内在的价值受到破坏，生态系统本身的

① 李静云，王世进．生态补偿法律机制研究 [J]. 河北法学，2007(6):110.

② 中国生态补偿机制与政策研究课题组．中国生态补偿机制与政策研究 [M]. 北京：科技出版社，2007:69.

可持续发展能力受损；其次，生态系统对人类的审美价值、经济价值等受到损害，进而影响人类的可持续发展。此时的自然生态系统就犹如受到重创的病人，疼痛的伤口难以自愈，迫切需要人类修复技术的施用以治愈伤体。此种情况下，在人类与自然生态的价值关系里，生态的主体需要的一面展现了出来，受损的生态具有被修复的内在需求，人类的价值体现就是根据自然规律满足自然生态的需求，运用合理的技术修复受损的生态，使人类和生态关系重新恢复到健康平衡的互动价值状态。

毋庸置疑，生态对人类具有巨大的生态价值，反过来人类对生态也是有价值的，人类对生态的各项实践活动就是人类价值的体现，有正向价值也有负向价值。蓝色经济时代，浩瀚的生态看似强大，但同样有需要人类文明予以关照的内在需求，人类满足这种需求的实践就体现为正向价值。生态虽然作为客体的价值体量巨大，但生态价值“无限是相对的，有限是绝对的”，依照目前的开发利用速度且不回头给予生态破坏修复的话，终有万劫不复的一天。我们按照自然规律对开展受损生态修复活动，就是在关照、响应人类——生态价值关系中生态的生态需求，这是人类对生态的价值体现，也是人类对自己和对子孙后代的价值体现。

四、生态文明

生态文明的内涵与要求同法律制度是同向演进的。生态文明不同于工业文明对自然界的污染与破坏，是以保护生态为基础，以保持生态平衡为首要任务，以绿色科技和生态生产为重要手段，以人与生态共生共荣为决策、行为实践的指南，以人对自然的自觉关怀和强烈的道德感、使命感为内在约束机制。所有的生态文明的要求都是最终要落实在制度来保障的。

人类文明史不仅是友好对待同类的历史，也是文明地对待自然生态的历史。从辩证法的角度看，人类的文明进步不是自己评价的主观过程，而是一个可以用自然生态状况进行旁证的客观过程。人类的文明在自然生态的状态和变化上客观再现着。经济、社会的高速发展也高速损害着生态，千疮百孔的自然生态诉说的不可能是生态文明。“亡羊补牢，犹未晚也”。技术的进步带给自然生态的损害同样可以通过技术的运用得到弥补、恢复甚至改善。这里的技术不仅包括自然科学技术，还包括社会层面的技术，如立法技术。生态修复法律制度是生态利益的正当化及法权化的表达形式。

生态修复是系统工程，必须通过立法形成制度性的保障，才能保证生态修复工作有序、有效地开展，进而实现生态文明。

第四节　生态修复立法的基本原则

立法原则能够集中反映立法的目的和立法精神，贯穿整个法律制度，对法律具有普遍指导意义。生态修复立法既是环境治理方面的立法。也是生态保护方面的立法，因此其立法原则应既能体现生态保护的需求，又能实现环境治理的法律效果和社会效果。

一、生态优先原则

生态优先原则是指在处理经济增长与生态保护关系问题上，确立生态保护优先的法律地位，作为指导调整生态社会关系的法律准则。生态优先原则不仅是现代环境立法中的一项基本原则，更是生态修复立法中最基础的一项原则。该原则要求生态修复应以修复生态环境为首要目标，当修复工程影响到人类社会经济发展时，须以实现生态效益为根本出发点来设定相应的法律制度或采取措施，同时在生态修复过程中要权衡不同地区的经济发展差异，大力推行企业和政府的生态修复责任制度和“绿色金融”“绿色信贷”等市场机制，为生态修复创造条件。在我国现有生态修复法律规范中已经随处可见“生态环境优先原则”的痕迹，如环境影响评价制度，特殊污染物的“禁排”制度，自然保护区制度，矿山环境恢复保证金制度，草原禁牧、休牧中的生态补助、补偿制度等都是以生态保护优先为根本出发点。

二、可持续性发展原则

可持续发展是指“既满足当代人的需求，又不损害后代人满足需要的能力的发展”，其核心概念是公平和发展，公平是强调发展应满足整代人的需求，而不是一部分人的需求，既要满足当代人的需求，也要满足后代人的需求。发展则要受到公平的制约，应以自然资源和生态环境的承载能力为限，一旦自然资源和生态环境被破坏，“发展”本身也衰退了。[①] 生态修复立法恰恰就在于使已经被破坏的生态环境得以修复并且改善，能够满足后代享用自然资源和健康生活的需求，实现可持续发展。这意味着生态修复立法必须使生态系统不但

① 李光禄，刘明明，等．差别生态责任研究［M］．北京：中国政法大学出版社，2016.

作为自然资源本身是可以持续的（经济效益的持续性），而且使生态系统在整体结构上、功能上都是可以持续的（生态效益的持续性）。

三、污染者付费、受益者补偿原则

污染者付费、受益者补偿原则实质上是对“污染者付费、利用者补偿、开发者保护、破坏者恢复”的高度概括。“污染者付费”原则改变了过去“企业赚钱污染环境、政府出资治理污染”的极其不公平的现象，因此迅速被国际社会所认可并发展成为一项环境法基本原则。我国最早在1996年，国务院颁布《国务院关于环境保护若干问题的决定》中明确提出“污染者付费、受益者补偿”的原则，该原则发展至今，已经贯穿在我国的《环境保护法》《排污费征收使用管理条例》《矿产资源法》《森林法》等环境保护法律中，成为重要的指导性原则。污染者付费、受益者补偿原则对生态修复立法具有重要的指导作用，该原则强调：①国家、企事业单位、个人都应积极采取措施防止其活动对生态环境的污染和破坏；②生态修复的责任原则上应由环境污染者和破坏者承担，在无法找到污染者或破坏者时，国家和政府作为环境的受益者应承担；③无论何种情况下，国家和地方政府都应支持生态修复，无论是从政策上还是财政上；④环境受益者应向作为公共环境资源代表者和管理者的国家缴纳一定的税费作为对环境资源利用和对环境损害的补偿（如生态补偿费、生态基金、排污费、生态税），从而为生态修复法律制度的构建指明方向。

四、公众参与原则

公众参与原则是指公众有权通过一定的程序或者途径参与一切与公众环境权益有关的活动，以制约和保障政府依法、公正行使权力进行决策，使决策符合广大公众切身利益需求，并有权寻求救济。公众参与原则最早在美国《环境政策法》中得到确认，随后许多国际文件，如《人类环境宣言》《发展权宣言》《世界自然宪章》《里约环境与发展宣言》《21世纪议程》等都强调了公众参与的重要意义，并将公众参与作为实现可持续发展的重要条件之一。

《中华人民共和国水污染防治法》《中华人民共和国环境影响评价法》等都体现了在环境治理和管理方面的公众参与原则。生态修复在环境保护中属于事后救济措施，更需要人的主动行为，且生态修复涉及公众社会生活的多个方面，直接关系社会公众福利，公众参与既有现实条件又符合公众的利益要求。

第四章　生态修复的法律制度性解读

第一节　生态修复法律制度化的意义

一、我国生态修复法律制度化的意义

生态修复是一项复杂的系统工程，一个复杂的多学科问题。它涉及自然、社会、经济、技术、工程等诸多方面，需要农业、水利、国土、森林、交通、城建、财政、科研等众多部门的分工与合作，需要投入大量的资金、技术、人力、物力，涉及产业发展、国土整治、区域合作、户籍管理等许多方面。显然，如果缺乏生态修复法律制度的保障，生态修复工程建设就很难顺利推行下去。

二、生态修复法律制度化意义的具体体现

具体而言，在我国生态修复法律制度有如下几个方面的重大意义。

（一）生态修复法律制度可进一步克服地方政府在生态修复规划建设问题上的盲目与短视行为

对某一区域进行生态修复，往往需要相关行政部门的协调，由于没有明确而完善的生态修复法律制度对这一问题的规制，因而容易出现部门之间相互推诿或互相争夺利益的现象。因此，建立与完善专门性的生态修复法律制度，可进一步提高政府有关部门及其工作人员在有关生态修复规划建设问题上的办事效率与公正性，并进一步克服地方政府在生态修复规划建设问题上的盲目与短视行为。

（二）我国专门性的生态修复法律制度是进一步保障生态修复资金来源的客观需要

生态修复既是一个技术问题与管理问题，也是一个社会经济环境发展理念问题。生态修复具有复杂性、长期性、综合性，并与当地的产业发展政策

密切关联。因此，生态修复工程建设离不开大量的资金投入。如果不从法律上明确政府与个人以及有关的企事业单位的生态修复责任，就不可能保障生态修复工程建设有必要而持久的资金投入，尤其是遭受巨灾的区域（如遭受大地震的汶川）之后的生态修复工程建设更需要大量的资金保障。这种情形下，建立与完善我国生态修复法律制度可以进一步保障生态修复资金来源。

（三）我国生态修复法律制度是进一步保障生态修复工程建设招投标规范化的需要

既然生态修复是一项系统、复杂的工程建设，需要大量的资金投入，那么如果对生态修复工程建设招投标制度不进行具体的规范，则不仅可能滋生项目腐败与财政腐败，而且可能使生态修复效果大打折扣。因此，建立与完善专门性的生态修复法律制度，对生态修复工程建设招投标的原则、基本程序、责任追究等进行必要的规制，可以进一步保障生态修复工程建设招投标规范化。

（四）我国生态修复法律制度是进一步保障生态修复工程得到科学的监测与合理的评价的需要

生态修复的效果评价有质量评价与数量评价两个方面。质量评价主要指修复对象的功能恢复情况评价，数量主要指修复对象的种类与范畴评价。生态修复的效果评价还有对象整体效果评价与对象单个效果评价两个方面。对象整体效果评价是指生态修复区域内所有指标的综合数据评价，对象单个效果评价是指生态修复区域内单个指标的综合数据评价。而正确的评价是建立在科学的研究方法与数据真实采样的基础上的。对这些人为操作如果不在法律上进行符合道德标准的评判与规制，则可能导致生态修复工程效益监测与评价中隐藏着令人难以置信的虚假信息与致命风险的现象。因此，建立与完善我国生态修复法律制度，有利于进一步加强生态修复工程效益的科学监测与合理评价。

第二节　生态修复法律制度的性质

迫于现实的污染与破坏给社会经济生活带来的影响，20 世纪 80 年代，生态修复实践活动就已经逐渐开展，生态工程领域的生态修复理论研究同时开展。但是，生态修复相关的法律制度的研究至少滞后于生态修复实践二十年。生态修复制度的立法确定更是迟至《中华人民共和国环境保护法》2014 年修订之时。本次修订的《中华人民共和国环境保护法》在第三十条、第三十二条规定确立了生态修复的法律制度地位。

生态法律制度应当处于生态环境保护的基础制度地位，是一项事后的、综合性、系统性、整体性、强制性的生态环境保护法律制度。生态修复法律制度应当是各种利益关系的协调，各种社会力量的最佳博弈以及生态愿景达成的现实路径。

一、生态修复法律制度的整体性

整体性是强调分析问题的角度，站在一个高度上看问题的全部，生态修复法律制度的设计应当通盘考虑，不要割裂，要摒弃“头疼医头，脚痛医脚”的立法思维。

（一）生态修复法律制度的整体性根植于生态概念的整体性

生态概念就是生命体加上非生命体的全部，无论是以人类为中心事物还是以某种其他生命体为中心事物，抑或是以整个生物界为中心事物，都不影响生态概念的整体性的特征。

我们修复的是生态的整体，而非舍弃了某些在环境概念中用作中心事物的要素，凡是遭受损害的生态要素，无论是生命要素还是非生命要素都可以作为修复的对象。

（二）生态修复法律制度的整体性取决于生态系统的整体性

生态系统最大的特征就是整体性，生命体和作为生命支持系统的无机环境缺一不可。无论是对生命体的破坏还是对无机环境的污染都会或多或少地引起生态系统结构和功能的退化。人与生态的矛盾催生了生态保护法律制度。生态环境的整体性是我们讨论生态修复制度作为一项整体性的基础制度的客观基础。如蔡守秋教授所言，法律制度设计“不能是哪个需要立法就立法，需要制度构建就构建”。

（三）整体性要求在生态保护立法中的体现

生态保护的国际立法中不少规定都是基于生态系统的整体性要求的。比如，《养护南极海洋生物资源公约》（1980 年）明确提出要积极推动南极生态系统的综合性、整体性研究，要保护南极周围海洋的环境及其生态系统的完整性。《联合国海洋法公约》规定“各海洋区域的种种问题都是彼此密切相关的，有必要作为一个整体来加以考虑”。该公约 194 条也有这样的将生态的生物和生境作为整体来保护的规定。

二、生态修复法律制度的系统性

系统性是强调分析问题的逻辑性，一个问题的内部的结构层次和逻辑关系。生态修复法律制度是由法律原则、管理体制、具体制度构成的体系，具有层次性和逻辑性。从系统的角度看，生态系统是其各个组成部分相互关联的整体。为了实现总体的目标，开发利用生态资源的各种行为会不可避免地相互影响、彼此协调。① 这就要求规范这些行为的法律制度也要成为一个具有内部协调性的体系。

（一）生态修复制度的系统性是由客观生态规律决定的

顾名思义，生态本身就是一个大系统，谓之以生态系统。各生态要素在功能上相互联系、相互依存、相互作用，完成物质循环、能量流动、信息传递。生态系统中生物因素和非生物因素都具有丰富的层次结构，各自以及彼此之间形成复杂的生态大系统。这个大系统又可以分为很多具体的子系统：生物子系统又可以分为生产者子系统、消费者子系统、分解者子系统；消费者子系统又可以分为一级消费者子系统、二级消费者子系统……目前的生态子系统立法有生物子系统的立法，也有非生物子系统的立法等。但是，我们应当知道，针对某一环境事物的单个立法并非就是将环境要素割裂开来，根据需要一个一个单独立法。每一项生态立法都是根据现实的保护和规制的需要，针对亟待解决的海洋问题而为，必须考虑到生态的系统性。

人们过度关注生态系统中的某种特定组成成分，会影响该成分与其他成分的互动关系，进而影响整个生态系统的动态平衡。生态系统的整体功能并不是系统内各要素的单个功能简单相加在一起，而是各要素功能按照一定的机理相互作用、整合成整个系统的生态功能。生态修复法律制度体系建设也要遵循这种系统性原理，在制度具体内容的确定上充分考虑生态系统要素在修复过程中的相互作用，生态系统功能的修复是由生物种群的数量和质量的恢复和非生物环境的质量共同决定的，即生命支持能力的修复决定的，这些成分的修复依赖于体现生态规律的修复技术的运用，技术性规范和生态标准是生态修复法律制度的重要组成部分，且应当占据相当重要的地位。我们构建生态修复法律制度不能割裂开来，建立生态环境的修复制度、生命体的修复制度或者某个生态系统的修复制度，要将整个生态系统作为整体设置，将生态修复制度定位为整体生态系统的基本制度，遵循相同的原则、管理体

① 田其云．海洋生态法体系研究[D]．青岛：中国海洋大学，2006.

制、主体客体标准，只是在具体规范方面有所不同罢了。

（二）生态修复法律规范体系的系统性

生态修复法律制度的系统性是由生态系统的系统性决定的。生态修复法律制度是调整生态修复活动中产生的各种社会关系的法律规则的总和，是一个体系性的范畴。根据 19 世纪实证主义法学家凯尔森的观点，法律是规范的体系，其结构单元是法律规范。但是，所有的规范并非处于同一等级，而是不同效力层级的有序的规范结构体系。在凯尔森看来，上级规范决定着下级规范的创设机关、程序、内容。生态修复法律制度也应当是为了满足生态保护的现实需要，依据一定的上位法律规范的授权，按照一定的条件和程序创设的、由多种处于不同效力层级的具体规范组成的体系。这些由不同部门制定的效力不同的生态修复规范按照一定原则、功能、层次组成，相互联系、相互配合、相互协调，结构层次明显，具有逻辑性、统一性、整体性、系统性。

三、生态修复制度的义务本位

以何种事物为本位就是以何种事物为中心的意思。法律制度是通过权利义务的设定来调整社会关系的，权利和义务是法律关系的核心内容。简单地说，权利就是指为了实现法律保护的利益，人们为或不为某种行为的自由；义务就是为或不为某种行为的约束。权利和义务是法律制度体系最核心的内容，二者的关系极具辩证法意义。一般来说，法律的发展历程首先是通过义务的规定来调整社会关系的，而到了现代社会，则是通过以权利为本位的制度设计来重塑人的主体性。相对于奴隶社会、封建社会法律为了维护专制统治的需要而以义务为本位的制度设计，近代西方自由主义法律尤其私法法律制度体系是以权利为本位、为核心的，就算有义务的设定，也是为了保障权利的实现。这种制度设计是以人性为出发点，是为了满足人类文明发展的基本需求，是近代文明的组成部分。

（一）生态环境保护性的法律制度都应当是以义务为本位的

不同于其他部门法，生态环境保护法应当以义务为本位。义务之于权利，更应该成为生态环境保护的着眼点和着力点，即使设定了一些权利（如排污权）也是为了说明生态环境保护的义务。

这一点可以从操作层面解释。用“生态环境权利的伸张来抵制生态破坏和环境恶化”的操作思路是“在生态环境法律上设置权利 — 权利主体主张权利 — 国家机关或者其他组织救济权利”。如前所述，由于生态环境具有公有性、公益性和消费的非排他性，且生态环境权利和公民其他基本权利比起来较为虚幻，这种“设定 — 主张 — 救济”的路径不能实现对生态环境的有效保护。如果采用义务的操作方法即“设定 — 执行 — 履行”，具体来说，“法律设定生态环境义务 — 政府执行法律 — 义务主体履行义务”，此时法律规定的义务主体的义务，不是要求其对具体的权利人履行什么，而是对生态环境或者人类生存条件做些什么。① 这一点也符合生态环境的共有、公用、公益、整体性的特性表现。环保义务为本位是为了保证和实现最广大人民的环境权利，此种环境保护法律制度的设计，同样体现了制度文明，是用制度文明来保障人类生态文明的实现，也是现代文明的组成部分。

虽然生态环境法主要调整因生态环境资源开发、利用、保护而产生的人与人之间的关系，但是人与人之间的关系是以生态环境资源为媒介的，直接体现为人与自然的关系。法律的目的是通过达成人与自然的和谐，进而实现人与人的关系的和谐。在人与自然这一对关系中，其实质是客观的自然被动地支持人类生存和发展。人类主动地开发利用自然，当然，也要保护自然。无论人类开发利用自然，还是保护、修复自然，都要体现出义务的要求。

1. 开发利用自然要体现义务的要求

开发利用生态环境资源看似体现为各种权利，如探矿权、采矿权、海域使用权、捕捞权、狩猎权、砍伐权等，但是和一般的权利行使不同，行使这些生态环境资源开发利用的权利背后是有严格的生态环境保护义务的，因为自然是有阈值的，单纯地强调权利，自然有枯竭的时候，污染容纳量也有穷尽的时候，所以自然资源利用权也要注意在阈值的要求之下的约束。

2. 保护自然更是义务性的要求

相对于开发利用自然能够带来现实的、实时的巨大利益而言，保护自然需要保护者消耗巨大的时间、金钱、精力，是一种不利益的承担。人是经济人，在利益得失的衡量中是理性的、利己的，人们往往乐意去做能为自己带来利益的事情，而逃避或拒绝做对自己不利益的事情。因此，要求人们在开发利用自然的同时承担起生态环境保护、修复的职责，无疑是一种束缚，是义务性的。

但是，我们还应当知道，生态环境保护工作对于生态保护义务主体个体来说虽然是一种约束，是一种现实的、实时的不利益，但是对保护蕴含的经济利益和生态利益却是潜在的、长远的、巨大的和公共性的。

（二）生态修复法律制度的义务本位

生态修复属于生态环境保护的内容之一，是针对受损的生态环境采取的事

① 徐祥民，田其云．环境权——环境法学的基础研究［M］．北京：北京大学出版社，2004:75.

后保护性手段。生态修复法律制度作为环境保护法律制度的有机构成部分，制度设计同样要体现义务本位的要求。

1.生态问题的本质决定了生态修复制度的义务本位

生态系统是有生态阈值的，这是基本的生态科学规律。生态阈值的存在也为人类的活动限定了范围。正是因为人类活动的能力越来越强，对生态环境的作用超过了生态阈值，才引起了所谓的生态问题。

首先，资源是有限的。比如，石油属于千万年间的沧海桑田变化累积的化石能源，是不可再生的，石油的贮藏量决定了人类的可采量；渔业资源、红树林资源、海藻资源等，虽然属于可再生资源，但是它们的更迭再生按照生态规律也是有速度、数量上的限制的。以上说明生态资源的承载力是有限的，人类的开发利用不能突破限制，超出自然资源再生能力会导致生态破坏。

其次，生态系统对污染物的容纳能力和自净能力也是有限的，这就为人们在生产生活中向环境的排污行为设定了限制，数量上不能突破环境的纳污能力，速度上不能超过环境的自净能力。目前生态问题的本质就是人们开发利用生态资源超过了生态系统再生能力，甚至有些资源根本就是不可再生的；人们向环境的排污超过了其容纳和自净能力。通俗地说，就是人类向环境施以的“索取”和“给予”行为超出了环境的生态极限。

生态环境存在生态阈值的客观情况要求人们须奉行自我限制和自我约束理念对待生态环境。设计生态修复法律制度来应对生态问题，就是要用法律手段将超出生态承载范围的人类活动所造成的生态危害恢复到生态系统承受能力范围之内。在人类与生态系统的关系中，人类是主动施以各种修复活动者，生态系统是被动者。为达修复目标，人类必须限制自己的欲望，不论是禁止、限制开发利用生态系统，还是边开发、边修复或是边修复、边开发，都要求考虑生态系统承载能力和环境容量的有限性，以限制人类无限的欲望。这种遵循法律制度的自我限制、自我约束本身不就是法律义务吗？

2.生态修复的性质本属于义务性的要求

生态修复是环保法“损害担责原则”在具体制度中的体现。此处的“损害担责”是指造成生态环境损害应当承担什么样的法律责任。《中华人民共和国环境保护法》在“法律责任”部分并没有明确规定“生态修复责任”，仅规定了一些刑事责任、行政处罚责任以及民事侵权损害赔偿责任。但是，事实上规定这些责任并不足以起到生态修复的效果，这里的“损害担责”还应当包括“生态修复责任”。此观点下文将有详细阐述。法律责任是以义务为前提的，是由于侵犯合法权利或者违反义务而引起的、由专门机关或组织认定的、由法律关系主体承担的、带有直接强制性的义务。[①]

首先，生态修复本身应当是一种生态环境保护的责任形式，是指主体在开发利用生态环境过程中违反了保护的义务，损害了生态环境，被强制要求承担修复生态环境的责任；其次，生态修复也可以指一种义务，就是指主体在享有生态资源开发利用权利的同时还负有对在此过程中被破坏的生态进行修复的义务。《中华人民共和国海洋环境保护法》第二十条第二款规定："对具有重要经济、社会价值的已遭到破坏的生态，应当进行整治和恢复。"根据这条规定，可以认为生态修复制度是通过实在法明确规定或宣布的法定义务。

生态修复无论是法律责任还是法律义务抑或是二者兼具，都能说明该制度所体现出的义务性本质要求。

3. 生态修复的目的决定了相关法律制度的义务本位

正如前文所指出的，生态修复具有不同的目标种类，但其最终的目的或者根本目的是在修复生态系统中做到合理开发、可持续利用，实现人与自然和谐相处。也就是说，生态修复的目的之一是修复生态，使之恢复到健康、安全状态；另一目的是通过修复人与自然之间的关系，进而修复人与人之间因生态资源开发利用而产生的不和谐关系。

为了实现使生态恢复到健康、安全的状态，达到人与自然和谐共存的目的，在设计生态修复法律制度时，我们应遵循生态规律，创建各种具体的法律制度，以减少资源掠夺、环境污染，修复生态系统直至生态系统能够承受人类活动。我们这么做就是在履行生态保护的义务。人类从生态环境中获得义务，并将其引入人与人之间的关系，是以义务为出发点和核心来设计整个生态修复制度的。

4. 生态修复的内容决定了相关法律制度的义务本位

生态修复制度是基于维持生态系统健康、安全的要求，对受损的生态环境开展的事后性救济措施。要采取综合性手段，修复受损的生态系统结构、维持生态服务功能，并赔偿或补偿利益相关者因生态损害而遭受的利益损失。

赔偿或者补偿生态利益相关者的损失是法律规定的生态责任，是具有约束力的要求；综合性的生态修复手段也无不体现出义务性的要求。比如，《中华人民共和国海域使用管理法》规定的海域功能区划制度就体现了这种在生态系统极限边界内通过限制人类活动为出发点来满足人类需要的制度安排。《中华人民共和国渔业法》第二十二条规定的限额捕捞制度、第二十三条规定的捕捞

① 李清伟. 法理学[M]. 上海：格致出版社，上海人民出版社，2013(9):102.

许可制度以及禁止捕捞有重要经济价值的水生动物苗种，防治各种建设对鱼虾蟹洄游产生不良影响等规定都是保障海洋渔业资源修复能力的制度设计，所体现的基本精神是义务，它给人们占有、开发生态系统的行动划定了边界，强调不要突破渔业资源再生产能力的极限边界。①

5. 从国家海洋管理职责的设置上看生态修复法律制度的义务本位

20 世纪 50 年代开始，全球性的环境问题频发，后果严重，影响巨大，国家开始通过立法应对严重的环境问题。从早期的针对性立法、污染防治立法到后来进行的全面的、基础性、综合性立法均强调了自身作为生态环境法律关系的管理者主体地位，身负生态资源管理、保护、修复等多项职责。国家的这种在生态资源管理保护领域的职责设定来源于基于环境资源的“公共信托”理论。② 依据信托理论原则，国家作为生态资源受托人的信托责任包含两个核心的责任——管理保护信托财产以及修复受损害的信托财产。③ 在生态修复中同样涉及生态资源管理权的问题，如对海洋自然保护区的管理，禁渔期、禁渔区、休渔区等的划定和管理等。国家对生态修复的管理权与其说是权利不如说是义务（就算并非要求国家亲自实施生态修复行为，但是政府应当作为生态修复的组织者和监督者），权利的设置也是以履行修复生态系统的义务为出发点的，最终要落实到生态系统是否得以修复和修复质量上来。在具体的运作过程中，各级政府和公务员代表国家行使生态资源管理权，并通过各层责任制（如省长责任制、县长责任制、部门负责人制度等）落实生态保护责任，并作为绩效考核的依据。各级政府及公务员行使国家海洋管理权和履行保护海洋的职责是“两位一体”的关系，履行职责就是行使权力，行使权力也是履行职责。这种制度设计就是义务性的。

① 徐祥民．极限与分配——再论环境法的本位 [J]. 中国人口·资源与环境,2003(4):23-26.

② 现代意义上的公共信托原则是由美国密执安大学萨克斯教授于 1970 年在其对 Tllinois Central Railroad V. Illinois 一案的评论文章中提出的。他根据环境保护的需要，对公共信托论进行了如下改造：大气、水流、日光等环境要素是全体人民的“公共财产”，任何人不能任意对其占有、支配和损害，共有人为了合理利用和保护共有财产，将其委托给国家保护和管理。国家和人民之间的关系是受托人和委托人之间的关系，作为受托人的国家有责任为全体人民的利益对受托财产加以保护，即国家应该作为全体国民的受托人管理好环境资源，受托人如果滥用委托权，未经委托人同意处置此项财产，或由此而对委托人造成侵害，则应承担法律责任。参见蔡守秋．环境资源法学教程 [M] 武汉：武汉大学出版社，2000:233.

③ 玛丽·伍德．大气修复诉讼——让大型化石燃料公司负责重建一个适居的气候系统 [J]. 何秋，译．经济与社会发展，2016(2):39.

第三节　生态修复法律制度的定位

基于海洋的广袤、生态系统的复杂，海洋环境保护制度也丰富多彩。本研究认为海洋保护制度应当有基本制度和非基本制度之分，生态修复法律制度应当处于生态保护的基本制度地位。

一、生态修复制度具备成为基本性法律制度的条件

（一）环境保护基本性法律制度应当具备的条件

环境保护的基本法律制度是指按照环境法基本理念和基本原则确立的、普遍适用于生态环境保护各个领域的法律规范的总称。[①]比如，环评制度、许可制度、税费制度、环境标准制度等均属于基本制度。而环境法的特别制度（非基本法律制度）则是指为实现法律的某些特定目的而确立的具有特殊性和针对性的法律制度。具体到某个环境要素保护的单行法领域内的制度，也应当有基本制度和非基本制度的区别。要成为环境保护基本制度应当具备两个条件：一是特定性，即为环境法律部门规范所独有，具有能显著和其他法律部门规范区别开来的特征；二是普遍性或完整性，即该制度在本部门法中处于主导和决定地位，在某特定方面甚至全部的环保法律规范中具有代表性。如果某一制度仅起辅助和配合作用，或是法律化程度有限，或是仅作为试点性制度而尚未普遍开展（如排污权交易等），则不宜作为环境法的主要制度。

（二）生态修复制度符合基本法律制度的条件要求

生态环境保护单行法领域内，生态修复制度就应当是基本制度。因为其符合成为基本制度的条件。

1. 生态修复制度是生态环境保护性法律所独有

“生态修复”的对象、目标、内容、手段、法律责任等都决定了该制度不可能被其他部门法所涵有。

2. 生态修复制度具有完整性

生态修复制度在生态环境保护中起主导作用，是生态保护最重要的事后救济手段，也是最能直达生态保护终极目的的制度。其他事后救济如生态补偿、赔偿都不能最终实现恢复健康安全生态的目的，只能实现对受害人片面金钱弥

① 汪劲．环境法学[M]．北京：北京大学出版社，2006:198.

补的目的，但是对生态无益；或者只能作为生态修复的一个环节，支撑生态修复的资金来源。要想达到修复生态的目的，必须有更全面的、整体的生态修复制度才行。

3. 生态修复制度具有普适性

从前文生态修复必要性的分析可知，生态修复不是个别人、少数人的利益需求，而是大多数人的需求，是一种公益的需求，涉及公共利益和国家利益。生态系统修复制度产生于广泛的社会需求根基之上，凡是和生态环境开发利用相关的行为都可能适用本制度。凡是开发利用生态环境的个人或企业就有保护生态的任务（包括海洋无机环境的污染防治、海洋生物资源的保护、特殊生态系统的整体保护等），就有对退化的生态系统进行修复的义务。生态修复法律制度就是应公众对受损生态系统的修复呼求而设计，是调整围绕生态修复而形成的各种社会关系的法律规范体系。用以规制生态修复活动，对生态系统保护具有普遍性的规制、指引意义。一切开发、利用海洋的单位和个人必须严格遵守，生态修复制度应当处于生态保护基本制度的地位。

二、“生态”概念的内涵决定了生态修复制度具有基本法律制度的性质

在本研究中，“生态”是一个广义的大概念，“生态”由有机生命体和无机环境构成，具有系统性和整体性。“生态”概念其实包含“无机环境”（是我们通常所理解的“环境”概念）。如此说来，“生态保护”便包含“无机环境保护”，即环境污染防治，以及“生命体保护”，即狭义的生态保护两部分。只要是对生态环境开发利用的行为都会使海洋结构与功能退化，都需要进行修复：海水受污染，要采取措施消除污染；生物资源受破坏也要采取措施恢复。所以，生态修复应当包括无机环境的修复和生物资源的修复两部分。凡是“生态”概念涵盖范围之内的要素的污染与破坏问题都有被修复的可能；凡是涉及污染、破坏、资源开发利用的领域有造成生态环境退化的风险，都应当制定修复法律制度，并要求遵守。

三、生态系统的系统性和整体性需要将生态修复法律制度设定为基本制度

目前在生态修复实践中存在的主要问题是生态修复整体性考虑不足。在生态环境保护领域，一直都存在着部门利益冲突、博弈以及分割管理的情况。但是，生态系统较强的系统性与整体性恰恰需要不同管理部门的高度协调配合。

只有将生态修复法律制度作为基本性法律制度，才能协调生态修复中的各种利益冲突。

首先，生态修复与生态资源利用带来的经济利益之间存在着表面的冲突。开发利用生态资源能产出快速的、现实的、巨大的经济利益，但是生态修复相反却需要投入大量的经济代价，且效益是潜在的、遥远的。其次，对于生态修复工作来说，不同行政区域和不同行政部门之间也存在着利益冲突。越来越多的地方行政区域管理层意识到了生态退化给当地经济可持续发展和社会稳定带来的巨大影响，加之中央政策的推动与生态绩效考核的压力，越来越重视生态修复。但是，生态系统的整体性使其不可能因县、市的分界而分而治之。因此，在生态修复中应重视局部利益与整体利益的协调。

在处理生态修复活动中产生的部门利益冲突问题上，我们必须打破一直以来的简单分派模式，增强部门间和部门内部的联合协作机制。出于对任职期间内生态政绩考核的需求，行政部门往往希望生态修复立即见效，但生态修复是需要严格遵循生态学基本规律的，比如在有些生态系统退化严重的地区，往往需要几代人长期的修复工作甚至是几代人的不懈努力才能使生态明显改善。所以，我们要想通过修复获得长期的生态利益，就要在遵守生态规律的前提下制定科学的、详尽的短、中、长期生态修复的目标，也要有科学可行的生态修复效果评价考核机制。这些都需要有一套系统、科学的生态修复法律制度保障。

综上所述，要在生态修复中处理好部门之间的利益、局部利益与整体利益、短期利益与长期利益的关系，必须要有一个从整体上关怀生态修复的法律制度，而能够兼顾这些利益并且协调这些利益冲突的法律制度当之无愧的应当处于生态保护基本法律制度的地位。

四、从法律制度的分类看生态修复应当处于基本法律制度地位

（一）环境保护基本法律制度的分类

中国通过总结30多年来环境保护行之有效的做法，并借鉴外国环境立法的成功经验，确立了一系列基本法律制度和措施以应对环境污染、生态破坏以保障合理开发利用自然资源。由于生态环境要素众多，生态环境保护领域广泛，环保法律制度非常庞杂，对环境保护基本制度的分类也各自为据、不尽相同：有的学者没有将环境法的制度进行分类，只是按照适用上的先后关系，将环境法律所确立的重要制度笼统地罗列在一起并分别予以论述；[①] 有的学者是

① 韩德培．环境保护法教程[M]．北京：法律出版社，2018:153.

按照环境行政的不同领域和单项环境法律规范的适用范围，将环境法律的重要制度分为污染防治型、生态保护型和自然资源管理型三大类；[①]有的学者是按照环境法律制度或措施的性质，将环境法律中具有共通性的重要制度分为事前预防类、行为管制类、经济刺激与市场类以及事后救济类四大类，然后再就各大类中的具体制度加以论述。[②]我们在此对哪种分类方法更好不予置评，因为分类的标准不同，自然会得出不同的类别划分，就好比要将一堆衣服归类放入不同的抽屉，衣服还是那些衣服，但是每个抽屉贴的标签不同，衣服就有不同的放法，法律制度的分类也是如此。

（二）生态环境保护法律制度的分类

生态环境法律制度是指围绕海洋环境基本法而建立的，调整生态资源开发、利用、保护和管理以及污染防治过程中的各种特定社会关系的一系列运行机制及规则系统。[③]生态环境法的基本制度是海洋制度系统中最为核心和重要的组成部分，也是关系生态资源事物管理最为基本的办事规则和行为准则的总和。

目前，我国学界和实务界对环境法基本制度的分类并没有形成一致的观点，多数是借助环境法基本制度的分类方法而展开的。虽然生态环境资源是环境资源的重要组成部分，但二者在内涵和外延上截然不同。生态保护基本法律制度到底包括哪些？如何做分类？存在以下观点。

有的学者认为，按照生态环境保护法律制度或措施的性质，可将生态环境保护中具有共通性的重要制度分为事前预防类、行为管制类、影响与诱导类以及事后救济类四种类型。[④]（1）事前预防类环境管理制度包括规划制度、环境影响评价制度、环境质量标准制度。（2）行为管制类环境管理制度包括功能区划制度、污染物排放总量控制制度和现场检查与执法经检查制度。（3）影响与诱导类环境管理制度包括排污收费制度、生态补偿制度、生态修复制度和

① 金瑞林．环境法学[M]. 北京：北京大学出版社，2016:56.

② 汪劲．环境法律的解释：问题与方法[M]. 北京：人民法院出版社，2006:323.

③ 《中华人民共和国环境保护法》第三十条规定："开发利用自然资源，应当合理开发，保护生物多样性，保障生态安全，依法制定有关生态保护和恢复治理方案并予以实施。"第三十二条规定："国家加强对大气、水、土壤等的保护，建立和完善相应的调查、监测、评估和修复制度。"

④ 参见《联合国海洋法公约》第一百九十四条规定："按照本部分采取的措施，应包括为保护和保全稀有或脆弱的生态系统以及衰竭、受威胁或有灭绝危险的物种和其他形式的海洋生物的生存环境而有必要的措施。"

清洁生产制度。(4)事后救济类环境管理制度包括污染事故报告制度、事故应急制度和限期治理制度。[①]有的学者认为，根据制度的功能分为基础性制度、预防性制度、治理性制度等。基础性制度主要有监测制度、环境标准制度、自然资源调查制度、自然资源文件制度等。预防性制度主要有规划、许可、“环评”、“三同时”、生态破坏事故防范与预警制度等。治理性的制度有限期治理制度、生态环境建设制度等。[②]

我们发现，以上两种分类中，第一种分类将生态修复制度放在了影响与诱导类，并不合适。以时间划分，此类制度应当属于事前性的，而生态修复制度属于事后救济性的；即使根据制度的功能所做的第二种分类，本应属于治理性制度的生态修复制度，并没有被提及。还有学者认为可以分为海洋资源持续利用法律制度体系、防治污染损害法律制度体系和以保护特殊生态系统为核心的海洋自然保护区法律制度体系。[③]生态修复制度既包括污染治理又包括生态破坏治理，具有综合性，这样的分类方法无法正确安放生态修复制度的位置。

(三)从法律制度分类看生态修复制度的地位归属

本节认为，可以按照功能对生态保护法律制度进行分类，将其分为防治性法律制度体系、事后修复性法律制度体系以及环境综合行政管理法律制度。防治性法律制度又可分为污染防治法律制度和自然资源利用中的生态破坏防治法律制度。事后修复性法律制度又包括污染治理的法律制度和生态修复的法律制度。对于具体的生态保护法律制度而言，按照时间先后分类，要么属于损害前的法律制度，要么属于损害中或损害后的法律制度。事前的法律制度用来预防生态损害，事后的法律制度用来对已经受损的生态进行修复。从这种简单明了的分类中可以看出，生态修复法律制度处于我国生态保护的基本法律制度地位。

可以说，生态恢复法律制度在一个国家的环境保护法律体系中始终处于举足轻重的位置，它将在相当长的时期内对生态资源开发的各个领域普遍地发生作用。开发技术越是发展，资源衰竭、环境污染、生态破坏等导致的生态系统退化的风险就越大，进而需要的生态修复越复杂，对生态修复的要求就越高，对推进生态修复的保障性制度的要求就越高，生态修复法律制度的作用和意义就越突出，这是建立健全生态修复法律制度的现实依据以及价值所在。

① 宁清同.海洋环境资源法学[M].北京:法律出版社,2017:97-117.

② 田其云.海洋生态法体系研究[D].青岛:中国海洋大学,2006:50.

③ 玛丽·伍德.大气修复诉讼——让大型化石燃料公司负责重建一个适居的气候系统[J].何秋,译,经济与社会发展,2016(2):39.

第五章　生态修复主体制度研究

第一节　生态修复主体的基本理论

从生态修复的含义可以看出，生态系统平衡的恢复或重建可以通过自然本身的恢复能力，使受损的生态系统获得一定程度的恢复，达到使自然休养生息的目的。生态修复固然重视自然的自我修复能力，但是在人类活动对自然生态环境改变已经超出自然自我修复能力的情况下，生态修复应当更加注重发挥人的主观能动性，强调人类利用已经掌握的专业技术对受损的自然环境的外在修复活动，建立更加符合社会经济可持续发展要求的生态系统平衡。当然，法学的定义更加强调此种修复活动应当限定在生态修复的法律制度框架之下。

生态修复是一种复杂、多样、有序的生态系统维护措施，需要投入巨额的修复资金，涉及受污染的地下水的治理、土壤环境的修复、植被覆盖等多方面。巨额的资金如何筹集，谁应该为受损环境的修复买单？通俗地讲，这些“买单者”就是负有生态修复责任的人，我们把他们叫作生态修复的主体。根据法学学者的观点，生态修复是包括环境污染治理与社会治理在内的系统工程，不仅是对污染环境的治理，还包括对社会的补偿，因此法学上的生态修复的基本范畴应当包括开发者的还原性修复、污染者的治理性修复、使用者的增殖性修复。[①] 这里提到的“开发者”“污染者”“使用者”都是依照法律规定享有生态修复权利、负有生态修复义务的人，我们把这种参与者称为“生态修复的主体”。

一、生态修复的主体概念

生态修复主体概念由“生态修复”和“主体”两个部分组成。根据马克思主义哲学原理的基本观点，“主体”指实践活动中的主导者。主体是实践活动

① 王晓升．“主体”概念献疑——马克思主义哲学研究中的主客体框架批判[J].华中科技大学学报(社会科学版),2012(4):1.

中必不可少的要件之一，其具有主动性和能动性两大特点。主体往往担负着明确的实践活动目的，控制实践活动的时间和对实践活动的客体产生作用的任务。[①]简而言之，马克思主义哲学原理中的“主体”即指对客体有认识和改造能力的人。

从上文笔者总结的生态修复的法律概念可以看出此概念本身蕴含了利用法律手段、施行法律制度进行生态修复实践活动的内涵寓意和外延范畴。生态修复是人对自然环境以及相关的社会关系进行修复的一种活动，在这个活动中人与人之间会形成各种各样的社会关系，这样就形成了生态修复法律关系，人与人之间在这个关系中会发生各种各样的权利义务，此处所讲的人应当是广义的人，不仅仅指自然人。因此，我们应当从生态修复法律关系的构成要素这个视角讨论生态修复的主体。

葛洪义教授从法学的角度认为法律关系的主体就是在法律关系中享有一定权利或者履行一定义务的法律关系参加者。[②]在实践活动中，法律关系主体复杂多样，凡是能够参与法律活动的主体，都可以认定为法律关系主体。但在具体的法律关系中，法律关系主体必须以外在的独立性与实际行为为基础来确定，可以先将它分为人与非人，后者再分为法人和其他组织。在我国，根据当前各类法律法规的规定，法律关系主体主要包括公民、法人、其他组织以及国家。

从“主体”到“法律关系主体”再到“生态修复法律关系主体”是从一般到个别的阐述，其基本含义由宽泛到具体。因此，生态修复主体具有自身独特的属性。在生态修复法律关系中，生态环境本身所具有的特点，诸如资源共享、边界不明晰和开放等，导致生态修复的法律关系主体不像其他法律关系主体那样清晰和明确。依据马克思主义法学理论，学者认为生态修复主体是指在生态修复法律关系中，负有生态修复权利和义务的当事人或者参与者。该修复权利和义务产生的原因是这些权利主体和义务主体发生了导致生态环境破坏的行为，从而引起生态修复法律关系的变动。

二、生态修复主体制度依据的基本理论

庞德曾说“法律并不能创造利益”，法律的任务在于确认、保障和平衡

① 方印．我国生态修复法律制度立法若干问题思考[C]// 中国法学会环境资源法学研究会．生态文明与环境资源法——2009 年全国环境资源法学研讨会论文集[M]．北京：中国农业科学技术出版社，2010: 39-40.

② 葛洪义．法理学[M]．北京：中国政法大学出版社，2007: 325.

利益。某种法律制度达到法律秩序的目的就必须通过：承认某些利益，包括个人、公共和社会利益；规定各种界限，在这些界限之内，上述各种利益将得到法律的承认，并通过法律规范使之有效。在环境法领域，存在着环境公益与经济个益的协调问题。在市场经济条件下，企业在追求个体利益的过程中，对环境产生的负外部性即表现为对环境公益的损害。生态修复是针对已被污染的环境而言的，即是对污染环境的修复。[①] 一般而言，这种被污染的环境往往具有巨大的公益性质，受到损害的环境的修复过程是不同的经济利益的平衡过程。如松花江重大水污染事件发生后五年内，国家就为松花江流域水污染防治累计投入治污费用 78.4 亿元。事实上，中国石油天然气集团有限公司仅向吉林省政府捐助 500 万元，支援松花江污染防控工作，并向国家环保总局缴纳了 100 万元的罚款。在这次事故中，国家承担了本应由中国石油天然气集团有限公司承担的环境修复责任，而企业并没有为自己追求经济利益所造成的外部不经济性买单，很显然这是不公平的。责任主体的明确是生态修复法律制度建立的重要一步，不仅涉及环境公平问题，在进行制度设计时，还应考虑到效益成本问题。

（一）环境公平是生态修复责任主体确认的首要依据

在法律追求的价值位阶中，正义是法律首要的价值。环境法律追求的正义，包括对环境公益与经济个益的确认、维护和平衡。环境法对利益的平衡是公平和效益的问题。约翰·罗尔斯的“作为公平的正义”理论认为一个正义社会的制度安排应当符合正义的两个原则：第一正义原则是每个人对与所有人所拥有的最广泛平等的基本自由体系相容的类似自由体系都应有一种平等的权利。第二正义原则是社会和经济的不平等应这样安排，使它们在与正义的储存原则一致的情况下，适合于最少受惠者的最大利益以及依系于在机会公平平等的条件下职务和地位向所有人开放。[②] 环境公平理论集中体现在环境负担和环境政策的分配正义上，罗尔斯的正义理论是实现这种分配正义应当遵循的基本原则。众所周知，一个社会的环境资源的总量是一定的，只有通过合理的环境政策与制度的设计才能达到环境资源的公平分配。而这种合理的环境制度的设计的依据正是环境公平理论的要求。

环境的污染和破坏导致了环境的损害和生态系统功能的下降，实现环境保护的途径之一就是修复已经受到损害的生态系统功能，修复生态系统功能需要

① 周启星，魏树和，张倩．生态修复 [M]．北京：中国环境科学出版社，2006.

② 约翰·罗尔斯．正义论 [M]．何怀宏，何包钢，廖申白，译．北京：中国社会科学出版社，1988:302-303.

有主体来承担这一责任。尽管事先预防的理念在我国的理论中普遍得到了认可，但在实践中地方政府为了发展经济实现地方创收，企业为了谋取更大的利润，往往不能很好地贯彻落实环保措施，这也是我国当前环境资源领域违法成本低、守法成本高的困境。生态修复则是事后治理的措施和制度，是对事先预防功能的弥补，实质上其责任主体的确定也是一种环境利益的再分配。造成生态损害的行为人已经获得了利益，让其为自己的行为担责，才能实现环境资源分配的公平。事实上，造成环境污染的往往是公司或者企业，其经济实力雄厚、社会地位高，而环境污染所造成的损害又是很复杂的，因此我国环境民事侵权实行举证责任倒置的原则。正如约翰·罗尔斯的正义理论所述，社会和经济的不平等应该这样安排，在与正义的储存原则相一致的情况下，适合最少受惠者的最大利益，生态修复制度的安排应该更多地倾向于一般公众的环境公益，对实施污染和破坏行为人规定更加严格的责任。美国的《超级基金法》对危险废物设施的治理责任的安排有值得借鉴之处。《超级基金法》规定由弃置危险废物的污染者承担责任，"根据该法以及法院判例确定的原则，治理责任方，或者说'潜在责任方'，包括危险废物设施的现时和以往的所有人和经营管理人、将危险物质运往该设施的运送人，以及生产该危险物质的制造人。"①尽管《超级基金法》所确立的严格的、连带的法律责任存在很大的争议，但是自其实施以来取得的成绩也是有目共睹的。该项目不仅为人类的健康提供了保障，也使受到污染的土地有了重新开发利用的可能性。

（二）生态修复责任主体确认的经济学考量

环境法的经济学基础，主要是从环境行为的外部性来说的。当经济主体对社会和他人产生的是积极的效果，则称该经济主体具有正外部性，否则，则称该经济主体具有负外部性，也称外部不经济性。外部不经济性既是政府干预环境行为的经济学基础，也是环境法律责任承担的经济基础。②在环境民事责任领域，为了解决外部不经济性，1972 年联合国经济合作与发展组织委员会提出了"污染者付费"原则，后来被许多国家确定为一项环境保护的重要原则，如我国 1979 年制定的《环境保护法（试行）》中规定的"谁污染谁治理"原则。此外，还有"利用者补偿""开发者保护""破坏者恢复"等原则，都体现了环境公平的精神，无疑都是确定生态修复责任主体所应当遵循的原则。

另外，从法律经济学的角度来讲，法律在注重公平的同时应当注重效率。

① 葛洪义．法理学[M]．北京：中国政法大学出版社，2007:325.

② 王曦，胡苑．美国的污染治理超级基金制度[J]．环境保护，2007(10):64-67.

“法律的效率包括两个方面，一是法律制度对社会发展的影响；二是法律制度本身的效率。”生态修复责任主体的明确直接关系着整个生态修复制度能否在实践中很好地开展，以及开展责任主体追究的成本和效率问题。如前所述，美国的《超级基金法》对于责任主体的规定不乏可借鉴之处，但同时应该注意到这种严格的、回溯性的追究责任机制所带来的累讼问题。生态修复责任主体的确立，一方面根据环境公平理念在不同的责任主体之间合理分配责任，使每个理性的经济人公平地承担环境保护的责任，另一方面也要注重经济效益，使环境正义得到有效的实现。

第二节　我国关于生态修复主体的相关立法

一、我国生态修复制度的法律法规

目前我国与生态修复有关的法律法规文件有综合型的基本法《中华人民共和国环境保护法》，有关矿产资源利用与开发的《中华人民共和国矿产资源法》与《中华人民共和国煤炭法》，土地资源方面的《中华人民共和国土地管理法》《中华人民共和国水土保持法》等法律文件以及《土地复垦规定》《水土保持条例》等法规文件。《中华人民共和国环境保护法》对生态修复没有做出具体的规定，但该法第三十二条规定国家加强对大气、水、土壤等的保护，建立和完善相应的调查、监测、评估和修复制度，第六条规定了企事业单位和其他生产经营者对环境造成的损害依法担责。根据我国环境法体系的特点，这些规定对于下一步制定具体的生态修复法律具有重要的导向作用。《中华人民共和国矿产资源法》确立了矿山企业缴纳资源补偿费、承担资源税纳税的制度以及矿区土地复垦制度。《中华人民共和国土地管理法》确立了土地利用规划制度、耕地补偿和土地复垦制度，这些制度都与生态修复息息相关，极为重要。

可以看出，和生态修复相关的规定都散见于各个层级、领域的环境资源保护相关规定之中，且主要针对矿产资源的开发与利用以及水土保持与土地复垦两个方面，涉及面狭窄，并未从真正意义上涉及生态修复法律制度的具体内容，也没有从实质上反映生态修复实践的本质要求，且不说未建立起生态修复法律制度的完备体系，甚至连基本的框架都没有建立起来，比如生态修复法律制度当中的基本原则与具体规则、生态修复的主体与客体、生态修复的责任归责体系、生态修复管理的机构以及生态修复监管制度的建设等方面。

二、我国生态修复主体的法律法规

我国没有专门的关于生态修复实践的立法文件，因此也鲜有针对生态修复主体的专门的法律条文。我国现行法律虽然并未明确规定生态修复制度责任主体，但是《中华人民共和国环境保护法》和土地资源管理方面的法律法规能够为确定生态修复主体提供有效的指引。比如，新《中华人民共和国环境保护法》第六条规定了企事业单位和其他生产经营者对环境造成的损害依法担责；第四十条与第四十一条明确规定了生产单位应当履行减少污染物总量的排放，并加大建设污染防治设施的力度；第四十二条是针对企事业单位经营者和其他经营主体在防止环境污染方面设定的责任条款，主要包括企事业单位应当建立环境保护责任制度，加强环保义务的切实履行；第六十五条主要规定了环境管理机构的职责，诸如从事环境监测、环保设备运营与维护等，这些机构如果违反《中华人民共和国环境保护法》，在环境管理服务活动中徇私舞弊、枉法作假，造成环境污染和生态破坏的，应当按照相关的环境法律法规给予处罚，同时须和其他责任者一起承担连带责任。《中华人民共和国环境保护法》革除了以往承担责任的主体狭窄的弊病，拓宽了破坏环境须承担责任的主体范畴，更好地匹配了政府、企事业单位和个人的环境责任承担。比如，在《中华人民共和国土地管理法》和《中华人民共和国矿产资源法》中规定，在开矿的过程中，如果对森林、草原、耕地、农田等土地造成破坏，负责矿山开采的企业有责任对地表植被善后恢复，采取措施进行土地复垦与修复。

《中华人民共和国土地管理法》第 75 条明确了违反土地复垦规定的法律责任承担方式与内容。违反土地管理法规定，拒不履行土地复垦义务的，由县级以上人民政府土地行政主管部门责令限期改正；逾期不改正的，责令缴纳复垦费，专项用于土地复垦，同时可以处以罚款。土地复垦是针对土地资源合理开发保护的重要措施。生产生活、自然灾害都会不同程度地损毁土地，造成地质环境的破坏，土地复垦正是针对此种状况采取的整治措施。《土地复垦条例》进一步明确和细化了《中华人民共和国土地管理法》中有关土地复垦的相关内容。该条例第三条规定了土地复垦的基本原则，即“谁损毁，谁复垦”原则。这与生态修复的基本原则保持一致。生态修复亦是遵循“谁破坏，谁修复”。条例将损毁土地的组织、单位和个人界定为土地复垦义务人，这类义务人主要对当前生产生活当中造成的土地损毁承担责任，对于历史遗留的土地损毁复垦问题则由县级以上人民政府开展与落实。

此外，2014 年 11 月由环境保护部污染防治司组织制定的《工业企业场地环境调查评估与修复工作指南（试行）》是目前指导污染场地修复工作开展的最详细的规定。其中，对承担场地环境调查评估与治理修复工作的场地责任主体做了如下规定：①按照“谁污染，谁治理”的原则，造成场地污染的单位和个人承担场地环境调查评估和治理修复的责任；②造成场地污染的单位因改制或者合并、分立等原因发生变更的，依法由继承其债权、债务的单位承担场地环境调查评估和治理修复责任；③若造成场地污染的单位已经将土地使用权依法转让的，由土地使用权受让人承担场地环境调查评估和治理修复责任；④造成场地污染的单位因破产、解散等原因已经终止，或者无法确定权利义务承受人的，由所在地县级以上地方人民政府依法承担场地环境调查评估和治理修复责任。

2017 年 6 月 28 提交全国人大常委会审议的《中华人民共和国土壤污染防治法（草案）》对土壤污染防治领域内土壤修复责任主体的规定是其亮点，具有鲜明的创设性意义。该草案进一步细化规定土壤污染防治领域的责任承担机制，从管理体制、政府责任、目标责任和考核多方面确定了土壤污染防治责任的制度框架；规定了单位和个人的一般性权利、义务，确立了按照土壤污染责任人、土地使用权人和政府的顺序承担防治责任的制度框架；规定了土壤生态修复的内容，明确了土壤生态修复中政府、企业和公众等各责任主体。虽然一切单位和个人都有防止土壤污染的义务，并对所造成的土壤污染依法承担责任，但是根据“谁污染，谁治理”的原则，污染者是第一修复责任主体。比如，草案第四章“农用地土壤污染的风险管控和修复”对责任人做出了以下规定：“对产出的农产品污染物含量超标的土壤污染地块，需要采取修复措施的，应当由土壤污染责任人负责修复。土壤污染责任人无法承担修复责任的，由地方人民政府代为修复。”

在《中华人民共和国土壤污染防治法（草案）》提交审议之前，2016 年 12 月 27 日，环境保护部发布了《污染地块土壤环境管理办法（试行）》，决定于 2017 年 7 月 1 日起正式施行。该管理办法对修复的责任主体进行了明确的规定，可操作性很强。其第十条规定：“按照‘谁污染，谁治理’原则，造成土壤污染的单位或者个人应当承担治理与修复的主体责任。责任主体发生变更的，由变更后继承其债权、债务的单位或者个人承担相关责任。责任主体灭失或者责任主体不明确的，由所在地县级人民政府依法承担相关责任。土地使用权依法转让的，由土地使用权受让人或者双方约定的责任人承担相关责任。土地使用权终止的，由原土地使用权人对其使用该地块期间所造成的土壤污染承担相关责任。土壤污染治理与修复实行终身责任制。”此条规定是生态修复主体立法值得参考和借鉴的有益探索。

综上所述，尽管《中华人民共和国环境保护法》要求建立和完善生态修复制度，但是却只有少量法律提到“修复”问题。事实上，我国目前不断恶化的环境状况，地下水污染导致癌症村的增加，土壤污染带来的食品安全问题，都显示出生态修复的重要性。确定生态修复责任主体，环保基本法只能起到指引和导向作用，在实践运用中还需要根据环境要素的种类以及受损害的实际情况制定更具体的规定，且在规定中明确和细化生态修复的责任主体是十分必要的，是开展生态修复工作重要的一步，也是实现生态文明的重要任务。

第三节　我国生态修复主体的种类

生态修复主体有广义和狭义之分，广义的生态修复主体包括生态修复的权利主体和义务主体，狭义的生态修复主体单指生态修复义务主体。本节在接下来的论述中所涉及的生态修复主体仅指生态义务主体，即笔者认为生态修复主体（包含个人、群体或者组织）一般都因负有某种特定职责、义务或出于保护社会共同利益的目的而参与生态修复，并且在生态修复过程中起到重要的作用。

通常来讲，根据《中华人民共和国环境保护法》基本原则提出并强调的生态环境损害赔偿、修复责任的分配和承担原则，即“谁利用，谁补偿；谁开发，谁保护；谁污染，谁治理；谁破坏，谁修复”，开发、利用生态环境资源者，污染生态环境者和破坏生态环境资源者需要依法承担责任，即他们就是生态修复法律责任的主体。根据这一基本原则，人类对生态系统的修复大致能够分为利用者的增值性修复、开发者的保护性修复、污染者的治理性修复和破坏者的还原性修复四种法律关系形态，在这些修复法律关系中利用者、开发者、污染者、破坏者是主体。

首先，生态环境资源的利用者在持续性利用生态环境资源的过程中，在消耗自然资源的时候对生态环境资源进行符合生态规律的改良，以期提高生态环境资源的利用价值和使该利用价值源源不断的存在。比如，《中华人民共和国物权法》有关“土地承包经营权”的一章明确规定了土地承包经营权人应依法保护和合理利用土地，采取相应措施保持或提高土壤肥力。

其次，生态环境资源的开发者在开发生态环境资源的过程中，需要对生态环境进行保护性修复，尽可能小地影响生态平衡，维护生态环境的稳定。如我国最新修改施行的《中华人民共和国环境保护法》规定的“三同时”制度，要求建设项目中防治污染的设施与主体工程同时设计、同时施工、同时投产使用。

再次，生态环境污染的产生是因为人类向生态环境排放的污染物质超过了生态环境的自净能力，导致环境质量大幅度下降。生态环境的污染者往往为了追求更大的经济利益而向生态环境大量排放污染物质，导致某一地区甚至某一生态区出现环境危机。在我国，诸多环境保护法中都规定了污染者的治理性修复的相关事项，如《中华人民共和国环境保护法》《中华人民共和国大气污染防治法》《中华人民共和国海洋环境保护法》。生态环境的污染者需要在法院判决规定的期限内停止污染行为、消除污染影响、消除生态环境危险、赔偿生态损失和恢复原状，对生态环境进行综合治理。

最后，生态环境的破坏者在开发利用自然生态资源的时候，需要对因自己的开发利用活动所造成的生态环境破坏进行还原性修复，如土地复垦、矿坑回填、植树造林、恢复水土、河流治理、大气治理等。

以上是根据《中华人民共和国环境保护法》基本原则的内容所提出的生态修复责任的基本主体导向，具体来说，这里所强调的“利用者、污染者、开发者、破坏者”最终总要体现为具体的单个的个体“人”，那么这个承担生态修复责任的“人”又会是谁呢？除了通常所讲的“利用者、污染者、开发者、破坏者”之外，还有没有别的承担生态修复责任的主体呢？

我国生态修复工作具体包括哪些主体，现有的关于生态修复的法律制度并没有明确规定，但是从生态修复实践来看呈现出多元化的趋势，即多元的生态修复主体，这是相对于“单一化”的生态修复主体而言的，就是包含了政府、企业、志愿组织、第三方专业的修复治理机构乃至公众等多元主体的综合主体结构，是多种“力量”集于一体的综合性主体。生态修复是依各主体实力而进行生态修复权责配置的过程，也是各主体通力合作于生态修复活动的具体表现。

一、污染企业和组织

对企业及社会组织主体地位的法律确定是因为它们对生态资源利用所产生的污染或损害具有直接因果联系，是主要“肇事者”，因此它们对于生态损害或污染应当承担社会责任，并负有治理环境、恢复生态的积极义务。

《中华人民共和国环境保护法》第三十二条规定：“国家加强对大气、水、土壤等的保护，建立和完善相应的调查、监测、评估和修复制度。”可知，生态修复制度是环境法律体系的重要构成部分；而“谁利用，谁补偿；谁开发，谁保护；谁污染，谁治理；谁破坏，谁修复”是环境保护法规定的责任原则，是厘清生态修复责任主体的界限和范围的重要依据。根据环境保护法律体系规定的环境责任承担的理论基础以及结合其他部门法，如《中华人民共和国民法通则》规定的民事责任承担的基本原则，在因污染行为导致生态环境遭受损害，需要进行生态修复的领域，应当坚持无过错责任原则，同时以过错原则为补充。无过错责任原则主要针对造成污染环境的行为人而言，其往往从事高环境污染行业，因而无论其有无过错都应当承担修复生态环境的责任。过错原则主要针对当受到污染的环境资源的所有者或者使用者不是污染行为人，由于其在受让时没有尽到妥善的注意义务，导致找不到污染行为人时，其应当为其过错承担责任。

造成环境污染的行为人应当成为生态修复责任主体，这是符合环境正义要求的，也是污染者担责的要求。污染行为人对其造成的环境公益的损害承担无过错责任原则，即只要行为人的行为在客观上造成了环境的污染和破坏，其就应当承担治理和修复的全部费用。《中华人民共和国民事诉讼法》使环境公益诉讼成为可能，而《中华人民共和国环境保护法》第五十八条规定，对污染环境、破坏生态、损害社会公共利益的行为，符合条件的社会组织可以向人民法院提起诉讼，使对污染行为人污染和破坏生态环境的行为的追究成为现实。

企业除了主要是生态环境损害的“加害人”之外，在生态损害加剧或环境恶化过程中也可能成为“受害者”。这是由于生态损害导致了企业的生存条件下降，可利用资源质量的下降和企业对其占有率的减少，使企业之间资源配置的紧张关系加剧，企业营利受到消极影响。因此，企业作为受害者也有权为保障自己的权益而发挥自身优势参与到生态修复过程中。企业作为生态修复的主体，还可以使生态修复在经济市场中充分运转起来，通过市场配置作用的发挥，有效解决生态问题。

二、政府

“谁利用，谁补偿；谁开发，谁保护；谁污染，谁治理；谁破坏，谁修复”作为环境法律基本的责任原则为生态环境修复与治理责任主体的确定提供了明确的指示，但是仅仅按照该原则的指引去确定修复主体的话，可能会出现以下几种问题。第一，现实中也可能存在着受损生态环境无人为破坏的情形，比如来自自然灾害的破坏，此时的破坏方对受损方的赔偿和补偿责任得不到实现，修复责任又当如何确定？难道无破坏方的受损生态环境就无须修复了？第二，我国环境污染和破坏由来已久，国有企业改革的特殊问题等因素可能导致一些被污染的生态找不到应当承担责任的污染行为人，找不到具体的责任人的时候，谁来承担修复责任？第三，即使找到了污染行为人，但是由于生态修复需要的资金巨大，污染行为人很可能难以最终完成修复，此时应当由谁最终兜底承担责任？

若要解决这些问题，可引入一个新的责任主体——政府。政府以对人民负责为基本原则，理应成为受损生态环境责任主体，原因有以下几点：首先，在受损生态环境破坏方不明的情形下，政府应当承担起监管不力或疏于管理的责任，找不到破坏方承担修复责任，则由自身承担；其次，生态环境受损而无具体破坏方的情形下，如多方共同破坏，一方的破坏不足以造成严重的后果，但多方共同破坏造成了严重生态环境受损的情形，又如非人为原因而由暴雨、洪水、飓风等自然因素引起的生态环境受损的情形，政府均应承担起相应的生态修复责任；再次，在我国国家是自然资源的所有权人，国有土地和河流等都是国家所有，国家负有对国有资源的监督和管理责任；最后，国家掌握着资源分配的权力，对其许可的个人和企业从事的行为有监管职责，因此国家对因其不当许可而造成的环境污染和破坏也负有相应的责任。《中华人民共和国环境保护法》加强了政府的追责制度也是对政府环境责任的确认。

在我国政府须履行其环境职责，也是生态修复的主体之一。而政府对其环境保护职责的履行实际上也是政府满足公众对良好生态环境需要的必然要求。从责任政府的角度而言，政府在行使其职能过程中应当积极主动地就其行为向公众负责。生态损害加剧、环境质量下降等问题的出现是由于政府未能合理地行使其职责导致的。因此，政府应当对生态修复负担其应有的职责。从公共服务的角度而言，政府所从事的行为是为了满足公众的需求，因此在公众日益要求良好的生存环境和生态环境的情况下，政府应当充分发挥其职能建立完善的公共服务体系。

由于具有公共产品典型属性的生态资源无法避免经济市场自身所具有的缺陷，仅仅期望生态修复能在市场的作用下完成是不够的。对于那些难以通过市场解决或复杂的生态修复活动，作为修复主体的政府可以成为“一只强有力的手”来发挥其主导作用，克服“市场失灵”的缺陷，通过国家力量解决生态修复活动存在的问题。而国家通过采取有效的宏观财政调控手段，在财政拨款、建立保险或基金、转移支付等环节可以有效弥补市场的不足。通过政府决策以及行政法规立法所发挥的作用，政府能有效调整生态修复过程中出现的各种问题。

政府要在生态修复中发挥作用，应当具有全局和长远的意识，破除只为追求政绩和单纯经济效益的错误观念。应当切实做好生态调查调研工作，进行完备的数据统计和分析工作，为生态修复活动及相关政策的出台提供可靠的依据。此外，通过与社会公众的积极互动以及与企业的合理沟通以掌握公众的所思所想并能够与企业达成共识，实现多方合作以及互利共赢。

政府作为生态修复的责任主体，承担环境保护法律法规的制定及环境资源优化配置的职责。2011 年以来政府出台了多项环保政策，致力于水资源、土壤、大气、固体废弃物等生态修复的实施。2012 年 5 月，环境保护部、发展和改革委员会、水利部发布的《重点流域水污染防治规划（2011—2015 年）》《全国土壤环境保护“十二五”规划》指出用于全国污染土壤修复的中央财政资金将达 300 亿元;《重金属污染综合防治“十二五”规划》明确重金属污染治理的资金达到 750 亿元。2015 年 10 月中国共产党第十八届中央委员会第五次全体会议审议通过了《中共中央关于制定国民经济和社会发展第十三个五年规划的建议》，重点提出坚持绿色发展，加大环境治理力度，深入实施大气、水、土壤污染防治行动计划，坚持保护优先、自然恢复为主，实施山水林田湖生态保护和修复工程，开展大规模国土绿化行动。2016 年 11 月，国务院印发《“十三五”生态环境保护规划》指出，“要稳步实施天然林资源保护、退耕还林还草、退牧还草、防护林体系建设、河湖与湿地保护修复、防沙治沙、水土保持、石漠化治理、野生动植物保护及自然保护区建设等一批重大生态保护与修复工程”，要“系统推进生态修复与环境治理，确保生态环境质量稳步提升，提高优质生态产品供给能力”。2017 年 10 月，党的十九大报告提出，“实施重要生态系统保护和修复重大工程，优化生态安全屏障体系，构建生态廊道和生物多样性保护网络，提升生态系统质量和稳定性”。2020 年党的十九届五中全会公报要求，要坚持绿水青山就是金山银山理念，坚持保护优先、自然恢复为主，构建生态文明体系。

三、受益者

如前所述，生态修复责任主体制度的建立要把实现环境正义和公平作为首要目标，同时应当兼顾成本效益问题。“污染者负担”原则是确认责任主体，实现环境正义的重要依据，但它本身也存在很多问题。“受益者付费”原则能提供新的思路。我国正处于转型时期，原先生产工艺落后、产能落后而造成环境污染的企业作为责任主体很难完成修复资金的筹集。在这种情况下，让政府承担责任，最终责任的承担者又成为普通纳税人，这又存在着公平考量的问题。此时，如果政府实施鼓励政策，通过招标等方式寻找投资人投资生态修复工作，将预期开发利用的增值效益按比例由投资者享有，那么不仅减少了政府的财政压力，也使受损的生态环境得到修复，从而实现环境和经济的可持续发展。

污染行为人是生态修复的主要责任人，政府因其特殊的身份作为最终的兜底责任人，同时政府可以通过寻找受益人的方式扩大生态修复责任的主体范围，使更多的资金投入生态修复工程。

四、第三方治理机构

环境污染第三方治理法律制度作为一项重要的环境治理法律制度由我国推行，这种环境污染治理新方式是对“损害担责”原则的升华。运用第三方治理模式治理环境污染，是打破用传统模式解决环境污染治理困境的新选择，是环境治理与生态恢复的新途径。中国共产党第十八届中央委员会第三次全体会议通过的《中共中央关于全面深化改革若干重大问题的决定》中浓墨重彩地强调了“加快生态文明制度建设”，并提出了“推行环境污染第三方治理”的创新理念；2014 年国务院办公厅出台了 69 号文件《关于推行环境污染第三方治理的意见》表明第三方治理制度开始作为环境治理的一项重要创新制度由国家推行，从制度层面上反映出我国环境污染治理的理念与路径的改变。

环境污染第三方治理制度主要是指排污者通过缴纳或支付合同约定的费用，委托第三方环境服务公司进行污染治理的一种环境可持续发展制度。其中第三方指的是独立于排污企业和政府的环境治理主体，独立承担法律责任并依据合同约定提供环境服务，收取治理费用。

环境污染第三方治理制度是一种新的环境污染治理模式，对传统模式进行了升华。环境污染治理从“谁污染，谁治理”转变为“损害担责，第三方治理”。环境污染第三方治理制度是推进环境治理市场化、专业化的重要途径，是促进环境服务产业发展的有力措施，体现了我国环境治理理念的转变；它实际上是现行环境污染治理制度从环境外部不经济性的内部化向“货币化”转变的外在表现形式，也是相关主体在生产经营过程中对环境“外部不经济性内部化”理论的实践，通过运用市场经济规律，利用市场杠杆以签订合同的方式委托第三方进行治理，促进污染治理和治理新技术的发展。由排污企业自行建设、运营治污设备、净化装置转换到交由专业的第三方治理企业进行治理，是“高投入、低产出”到“低投入、高产出”的一种转变。随着环境污染第三方治理法律制度相关配套机制的逐步完善，第三方治理制度将成为排污企业进行环境污染防控、生态修复的首要选择。

一是有利于提升排污企业的污染防治效率。排污企业自行建设运营污染治理设备，既不是企业的专业强项，经济成本上也不划算，治污设施不能物尽其用，造成资源浪费。如果将污染防治项目委托给专业的环保服务公司去做，既能将排污企业从治理困境中解放出来，实现污染防治的专业化、集约化，还能盘活企业的资产，优化污染治理资源配置，帮助企业达到污染物排放标准，减少环境污染。

二是有利于加强政府环保部门的监管。排污企业的环境责任通过签订委托合同的方式转移给第三方治理企业，政府环保监管部门的监管对象变得相对集中，从较为分散的单个排污企业集中到集约化的第三方治理机构上，监管对象少且集中，降低了监管和执法的成本。同时，排污企业与第三方治理企业之间的委托合同的约束会促使企业双方互相监督、互相制约，共同为实现合同约定目标，减少超标排污现象做出努力。

三是有利于激发出我国环保产业迅速发展的巨大潜力。第三方治理企业开拓了环境防治领域的新市场，扩宽了环境防治领域。由之前纯粹的只承包治污设备的制造、防治工程项目的建设拓展到提供投资建设、运营维护“一条龙”整套服务，为环保产业的发展注入新鲜活力，加快环保产业发展速度，在一定程度上还可以丰富环境金融产品，带动金融业发展。

第四节　我国生态修复主体制度存在的问题

一、生态修复主体不明确，国家责任过重

我国环境立法缺乏从整体全面的角度对环境问题进行法律规定，各部门分别从有利于自身利益和管理角度出发制定法律法规，使关于生态修复主体的规定较为零散、不成体系。法律仍然没有明确生态修复的适格主体，现有的条文规定较为笼统，没有明确实施的具体细则，责任主体的范围模糊不清，从而使环境法律工作难以有效地操作和落实，进而导致生态修复工作在开展过程中出现矛盾与冲突。该缺陷直接导致了在生态修复制度立法方面没有明确规定生态修复主体。环境问题往往涉及资源、生态、经济、社会等多个方面，需要农业、水利、交通、城建、土地、财政等多个部门的协调运作。生态修复工作更是离不开大量的资金、技术、人力以及物力上的支持。立法的缺失导致难以用

完善的法律法规保障生态修复的工作进程。生态修复需要有专门的法律法规来约束生态修复行为，建立起生态修复的法律法规体系，确立生态修复的适格主体，明确生态修复的原则，使其贯穿于生态修复工作的始终。

实践中生态修复主体单一，国家责任过重。国家是各种自然生态资源的所有人和管理者，也是开发、利用、保护自然生态资源的最大受益者，因此应当是最重要的生态修复法律责任主体。国家的生态修复法律责任是通过政府的具体行政行为和抽象行政行为，以及法院判令利害关系人承担生态修复法律责任或强制执行的司法活动来实现的。对生态环境污染损害的治理、赔偿和补偿，以及生态环境的修复工作一直主要由政府负责，政府主要承担生态修复的法律责任。现实中，污染破坏生态的行为在未导致生态危机之前通常因其可能带来的经济效益高于生态资源本身的经济效益而获得推崇，尤其是当其与自身利益相关联时，公众并不认为这是犯罪。工业污染是整个生态环境污染治理的短板，工业企业过于注重经济利益，减排控污意识淡薄，排污达标率低下，是主要污染、损害环境的生态损害人，但往往只是生态修复工作的次要参与者。特别是国有企业作为一种特殊的企业形式，掌握一定的国家权力。国有企业的特殊性质往往使其成为生态问题的污染源。每当出现重大生态环境污染事件，往往是政府和社会公众在无偿地为企业的过错买单。

二、生态修复主体法律责任不明确

我国已有的基本生态环境制度体系不严密，与生态修复有关的法律文件分散在各级环境保护法规及相关政策中，并没有专门的系统化的生态修复性法律。《中华人民共和国环境保护法》和其他环境保护单行法也均未明确各修复主体的生态修复法律责任，仅简单地规定了国家、开发利用者、污染破坏者的修复责任，而没有规定具体的责任类型和适用情形，导致其并不能为修复工作提供详细的方针策略指引。我国目前的生态环境法律中针对作为排污主体的企业的法律责任的条款较多，而规定政府的法律责任的条款相对较少，规定消费者、信贷投资公司、环境保险机构、环境中介机构等其他相关主体的法律责任的条款几乎是空白。这种以污染主体为核心、其他主体法律责任条款薄弱甚至空白的法律责任结构与生态文明建设所要求的整体性和体系性的模式转型是不相适应的。

生态污染破坏行为一般是由公司企业法人或社会组织实施的，在责任发生与承担上和自然人相比存在独特之处。以自然人侵权为模型构建的侵权责任制度必然不能完全适用于法人侵权的行为模式。在实践中，环境行政法律责任承担形式单一，财产性处罚占了很大的比例，而忽视责令恢复或修复生态功能的功能性处罚。行政机关的自由裁量权较大，乱罚、滥罚、以罚代管等情形层出不穷。尤其是基层政府往往出于对当地政绩的考虑，对企业的排污行为“睁一只眼闭一只眼”。企业违法成本远小于守法成本，所以企业大多宁愿“受罚”也不愿“守法”。环境刑事责任处罚较轻，法定刑偏低且以经济制裁为主，对生态修复重视不够，单位犯罪的处罚力度更为不够。法官裁量的罚金数额普遍低于环境犯罪主体实施违法犯罪行为所获得的非法收益，因而导致了罚金的威慑力不足。单一的罚金刑也不能达到环境法律责任之保护环境权益的目的，行为人仅仅上缴罚金而不去修复生态环境的追责形式并不能发挥任何直接改善生态环境质量的功能。

三、生态修复的公众参与度低

公众参与是现代社会公共管理不可或缺的因素，是解决当前我国生态保护工作中政府失灵，监督生态环境执法的重要机制。环境信息公开是社会公众了解本地区环境质量和自身环境安全的主要渠道，是保证公民参与环境决策及监督环境法律执行状况的前提条件。

政府作为公共事务的决策者和公共服务的提供者，需要对本地区的生态环境质量负责。

我国政府正在推行阳光政府，让行政行为过程公开化、透明化，以保障人民群众的知情权和参与权。生态环境信息公开是充分实现公众知情权的需要，如果不能充分了解相关的生态修复信息，就不能有效地参与到生态修复活动之中。但我国生态环境信息公开的实践暴露了许多不足之处。例如，信息的真实性不高，地方政府往往为了政绩隐瞒环境污染信息、虚报环境信息；只公布对自己有利的信息或无害信息；信息公开的范围不够深入和全面；保障和制裁措施不力。生态修复信息的缺乏会导致整个社会的参与度低，企业无法准确地评估生态环境风险以及由此引起的商业风险，社会公众无法获知自己的生态健康风险。社会公众对政府缺乏信任，甚至关系恶化，不利于政府生态保护政策的实施和修复工作的进行。

公众积极参与到生态修复的工作中还可以解决一定的生态修复资金问题。我国许多生态破坏、环境污染都是历史遗留问题，找不到具体责任人，政府的专项财政投入对于需要巨额花费的生态系统的修复来说是远远不够的。但我国法律并未明确规定社会公众的生态修复法律责任，也未对社会公众参与生态修复工作进行详细规定。政府在引导社会公众积极参与生态修复工作时也未尽到应有的职责，公众参与意识淡薄，积极性较弱。

四、生态修复主体修复意识不足

对于政府而言，生态修复意识的“不足”，主要表现在政府在生态修复中的“自我定位”错误。政府环境责任的加强并不等同于“全能型”政府的构建，对于环境损害的修复而言，目前政府环境责任过多局限于传统的环境管理责任，即命令控制的行政强制管理方式，而较少履行政府的环境服务责任。环境损害的减少没有配套的环境公共产品及公共服务予以支持，如生活垃圾及废弃物无害化处理、污水废气净化配套设备安置等投入不足。其将财力物力更多地投入具体的污染场地或生态修复试点工程，生态修复的效果难以维持，具有短期性、不稳定性和低效性。此外，政府在环境信息公开、维持城乡环境公平正义等方面也做的不够，对于防范环境风险、降低环境损害而言，仍需提高其他环境责任的履行。

企业的环境修复意识不足，主要表现为企业的发展模式及环境责任承担方面。据有关数据显示，我国地下水、土壤等污染日益严重，而尚处于起步发展阶段的环境修复产业，无力为环境修复提供及时充沛的综合治理技术。同时，大部分企业仍以营利为首要目标，注重绿色低碳循环发展的企业只占小部分，大多数企业的安全生产设备及应急设施设备尚未达到环保要求，致力于从事环境修复技术开发的企业更是为数不多，与国际合作交流的意识也不足，企业的环境修复意识及环境合作意识有待提高。促进我国环境修复产业发展及其他产业采用绿色低碳发展模式，是确保企业履行环境责任的重要途径。

民众的生态修复意识的不足，更多地体现在日常生活中生态保护意识的缺乏，如对于环境损害及相应的生态防治及保护的重要性认识不足、相关专业防治措施不明晰、不愿意积极参与或不知道如何参与志愿组织或民间团体为生态修复提供志愿服务等。大部分的民众对于环境损害的敏感度极低，对于生态破坏或环境污染现状更多是报以观望或漠视的态度，没有积极参与环境修复活动的动力和意识，如举报、投诉、查询环境质量报告等自救意识欠缺，甚至只有当大型的环境污染案件发生时或明显的环境侵权损害结果出现时，才知道去维护自己受损的环境权益或环境权，对于日常生活中环境损害的扩大，大多持漠视或忽略的态度，放任“公地悲剧”的扩大。

五、生态修复主体修复能力不强

生态环境在空间上是极其分散的，生态系统的分散性、开放性、边界不明确性及资源共享性决定了生态修复工作的困难重重，极易发生“公地悲剧”。生态修复主体在应对生态修复工作时凸显能力不强，难以达到生态修复工作的具体要求。修复能力不足主要体现在以下几个方面。首先，修复主体对自己的修复责任没有清晰的认识，一直对环境保护和生态修复报以事不关己的态度，认为这是国家政府的责任，自己无论在财力还是物力上都没有负担的义务。其次，生态修复与治理经费短缺。经济的快速发展导致资源的开采与利用的规模空前，不科学的资源开采与利用造成了大量的资源浪费和生态环境的污染与破坏。可是由于在生态修复方面没有专门的法律法规，生态修复资金的划拨和落实也于法无据，使生态修复手段和技术的发展速度远远落后于生态修复问题出现的速度，修复资金短缺使修复主体难以开展有效的修复工作。最后，生态修复是一项系统工程，然而在目前生态修复实践中，不论是政府、企业还是志愿者组织和个人都缺乏先进的生态修复系统规划和管理措施。各大主体之间互相缺乏交流合作、各自为政的现象十分普遍。在修复方法和措施上，则缺乏系统而长远的规划和措施，导致各大主体难以形成合力，未能促进生态修复的顺利开展。

六、第三方治理机制尚不成熟完善

（一）缺乏立法规定

关于生态修复的第三方治理机制多存在于政策性文件之中，尚缺乏专门的立法规定，很少有政策文件上升到法律制度的高度，第三方治理模式的法律规范比较缺失，呈现出局限性。由于没有国家层面的法律规范明确第三方治理制度的法律地位和发展趋势，第三方治理制度引导和规范必然不到位，导致很多第三方治理的新兴企业一直是“摸着石头过河”，没有成功的具体运作模式可以借鉴。因此，应该设计针对第三方治理制度的法律制度框架，使每个参与第三方治理交易的企业个体明确行为规则，使第三方治理有法可依、有章可循、有利可为。

（二）防治主体权责有待厘清

第三方治理制度是排污企业将所有的污染治理风险打包转移到第三方治理企业一方，这种风险转移极易造成排污企业推卸环境法律责任。例如，在提供环境服务的过程中造成环境违法，责任界定模糊不清就容易造成排污企业与第三方治理企业形成紧张对立的关系，影响合同后续交易，增加纠纷产生的概率。其实在《关于推行环境污染第三方治理的意见》中已经明确了排污企业应承担的污染治理的主体责任，而第三方治理企业也应该按照委托合同承担其合同约定范围内的相对应的环境法律责任。但是,《关于推行环境污染第三方治理的意见》只是作为一种鼓励、激励的政策性文件,不具有强制约束力。因此,排污企业与第三方治理企业都是环境责任主体,环境违法行为如何进行具体归责,有待进一步从法律层面厘清。

(三)市场准入与退出机制不够完善

按照国务院简政放权、建设服务型政府的要求,2014 年国务院发布《国务院关于取消和下放一批行政审批项目的决定》中取消了环境保护部负责的第三方治理企业运营资质的行政审批事项。2014 年原环境保护部常务会议审议通过并废止了《环境污染治理设施运营资质许可管理办法》,取消审批环境服务企业的运营资质。这容易导致第三方治污市场出现低价恶性竞争、环保技术不合格、合同双方违约及相互推诿违约责任、排污企业和治污企业信息不对称的情况,约束机制的缺失不利于规范第三方治理市场。对于排污企业来说,将环境污染委托给第三方进行治理,一旦第三方治污企业的技术不足,或者设备无法达成合同要求,排污企业的权益将得不到有效的保障,这使很多排污企业不愿意选择第三方治理模式进行治理。

政府应该提高或者从多个角度设立门槛,从企业的注册资金、技术条件等方面完善第三方治污企业的市场准入机制,避免出现“一管就死,一放就乱”的现象。目前我国环境监管部门执法不彻底,有效监管也不到位,不利于企业守法环境的建立。市场准入与退出机制不完善,加上政府监管力度不足,更容易导致第三方治理市场的混乱。

(四)第三方治理服务企业融资障碍

融资困难、投资保障不足是遏制第三方治理企业发展的因素之一。推行环境污染第三方治理制度,解决融资难问题是首当其冲的问题。其实,融资难历来就是环保产业领域的“世界难题”,因为一般环保产业的节能治理项目的初期投资比较大,成本回收时间比较缓慢,预期资本回报率也不高,短期内几乎没有盈利,因此融资难成为遏制第三方治理企业发展的绊脚石。另外,在第三方治理应用实践中,一般治污设备都包含在排污企业的整体设施之中,治污设备所拥有的土地使用权也归该工业企业所有,第三方治理企业无法用来作抵押融资。环境污染第三方治理过程中高经济风险的存在,在实践中也制约着第三方治理企业融资活动。

第五节 国外关于生态修复主体的相关规定

一、美国

美国在生态修复法律制度建立的过程中一直致力于构建完善的立法保障体系。1976 年制定的《资源保护及回收利用法》规定了废物生产者在有毒废物破坏生态这一领域的主体地位与具体承担的责任。1977 年制定的《1977 年露天采矿控制与恢复法》规定了商业使用者的修复主体地位，该法第五百二十二条规定，联邦及州当局可以在无法复原的地区、采矿活动与目前土地利用相矛盾的地区和露天采矿将降低自然区域价值的地区禁止露天采煤活动。许可证的持有者必须与当局签署合同以保证按期完成复原要求。这些都是对矿区生态修复主体的具体规定。美国的环境修复规定还分散见于法律条款中的一些法律。比如，1970 年制定的《清洁空气法》，1977 年制定的《地表开采管理与复垦法》，1986 年制定的《沿海湿地规划、保护与修复法》和《紧急占用湿地资源法》都对各个专业领域的生态修复做出了相应的规定。

根据当时《资源保护及回收法（RCRA）》的立法规定，只有土地开发利用者被证明其自身污染行为对他人人身或者财产造成伤害时才承担相应的环境法律责任。但是对于大量无主已废弃的污染土地及设施进行再开发利用所造成的环境污染，由于此时的土地利用开发者并不是产生污染的行为人，因此当时相关法律对其无能为力。以此为契机，1980 年美国国会通过了《综合环境反应、赔偿和责任法》，该法案因其中的环保超级基金而闻名，其创造性地提出了通过设立和启用“信托基金”的方式治理被污染、被破坏的场地，因此通常又被称为《超级基金法》。由于超级基金最初设定的有效期限至 1986 年，但是有害废弃物的污染问题日益恶化，于是美国国会于同年 10 月通过《超级基金修正及再授权法》及《紧急计划及社区知情权法案》，除了提高基金额度外，也对社区居民的知情权与决策参与权予以立法规定，而使整个污染场址整治方式更加完善，此后该法历经了数次修订。事实证明，该部法律对美国的环境立法影响非常深远。它不仅确立了美国环境保护法律制度中的四项基本原则，同时也规定了联邦环境保护局的环保监督权，督促责任人承担清理义务，无论责任人是否有过错，只要排放了危险物质，就要承担清理费用。最重要的是该法案明确了环境保护局在环境保护管理和监督领域至上的地位，为环境法律的实施与执行奠定了坚实的基础。[①]《超级基金法》所确定的环境法律责任的特点是独特的严格、无限连带责任，而且此种法律责任具有追溯既往的法律效力；其最大的制度创新在于通过设立超级信托基金以治理高污染废弃地。超级基金主要用于治理全国范围内的闲置不用或被抛弃的危险废物处理场，即所谓的“棕色地块”（Brownfield Site），并对危险物品环境污染做出紧急反应。该法案授权美国环境保护局（EPA）敦促责任各方予以治污清理。同时，立法授权当地环保局局长通过颁布行政命令，指定任何只要可能对公众健康、福利和环境造成“实质性危害”的物质为“危险性物质”。在此基础上，当事人不管有无过错，任何一方均应连带承担全部治污义务。该法允许在法定情形下由超级基金先行垫付治污费用，再通过诉讼等方式向最终责任方追索。根据《超级基金法》的相关规定，只有当责任主体不能确定，或无力或拒绝承担相关费用时，超级基金才可被用来支付整治修复费用。超级基金将因此取得代位权向最终责任主体追索其所垫付的治理费用。根据 1980 年颁布的《超级基金法》及 1986 年颁布的《超级基金修正及再授权法》相关规定，超级基金主要用于支付以下费用。

（1）由联邦政府或州政府实施的不属于《国家应急计划》管辖范畴的迁移和补救行为的全部费用。

（2）任何个人实施的不属于《国家应急计划法》管辖范畴的其他“必须”的责任费用。

（3）申请人因他人污染而造成的对“自然资源”的损害并且该种损害无法获得司法救济。

（4）对环保治污技术研发的资助及对地方政府治污费用支出的补偿。

《超级基金法》中规定的“有关责任方”不仅包括危险物质排放（或将要排放）时的不动产的业主或使用人及有害物质的排放者，也包括了该不动产现在的业主或使用人。1986 年《超级基金修正案与再授权法》第 107 条将赔偿责任主体分成以下四类。

（1）当前该船舶或设施的所有者或营运人。

（2）在处置危险物质时拥有或营运处置设施的人。

（3）通过合同、协议或其他方式，借助第三人拥有或营运的设施处置危险

① 常纪文，裴晓桃．外部不经济性环境行为的法律责任调整[J]．益阳师专学报，2001，22(4):30-34.

物质，或为处置本人或其他主体拥有的危险物质安排运输的人。

（4）危险物质为发生泄漏或存在泄漏危险的处置设施接受后，负责运输危险物质的人。

根据1996年《超级基金法》修正法案相关规定，对“有关责任方”只有一个例外情形，即对被污染的设施只是掌握了其所有权标志（例如担保物权的出租人），如果没有实际参与对该设施的经营管理或使用，则该种出租人不应被视为“有关责任方”中的业主或使用人。另外，该修正法案规定有关污染设施的信托人对保管期间该设施发生的污染也应承担法律责任，但是该种责任应以其实际保管的财产价值为限。为了提高公司高级管理人员对商业决策所引起的环境法律风险的注意，《超级基金法》将参与造成污染相关决策的公司高管人员也列入了相关责任方的范围。

但是《超级基金法》也存在不足的地方。该法规定了严厉甚至近于严苛的环境连带责任。它影响和阻碍了生态修复者对污染场地开展再开发再利用的积极性。现实表明，这种影响是非常大的。因为没有人愿意去开发可能已被污染的场地，致使相当多的污染场地闲置与废弃。我国在建构污染场地生态修复法律制度时应当吸取《超级基金法》的教训，引以为戒，设置合理的责任承担方式。

二、日本

在1993年《环境基本法》制定公布后，日本形成了包括基本法、公害控制法、自然环境保全法、费用负担、资助法等类别的环境法体系。在生态环境修复立法方面，日本也有着巨大的成果。例如，《近自然工法》中包含着对河流的生态修复工程的指导；在《河川工法》中对河川生态系统的修复和可持续发展提供了保障；此外，颁布《农业用地土壤污染防治法》，对都、道、府、县知事提出在治理污染的农业土地时要做出计划的要求，在计划中应包括通过“客土”方式恢复被污染的农业用地土壤的内容。这些法律都规定了生态修复制度之下具体执行的主体，为生态修复工作的开展铺垫了基础。日本人多地少，土地资源极为珍贵和稀缺，人地矛盾相较于其他国家更加突出，因此加强对污染场地的生态修复具有相当的必要性和紧迫性。日本在《土壤污染对策法》中规定，治理污染土地的首要责任人是土地的所有者，无论其是否存在过错或者过失，都要对其所拥有的土地的污染状况进行治理，哪怕这些污染损害是之前发生的，对治理责任的追责具有溯及效力。由此可见，日本赋予土地所有者严格责任。不承担连带责任的情况只有在与污染者没有特别联系的情形下才会出现。污染人承担土壤清理的义务要同时满足 4 个条件：一是污染人具有清洁土壤的义务；二是污染者是导致污染的直接责任人；三是责令污染者清洁土壤是合理的行为；四是土壤的所有人应当同意污染者为其清洁土壤，即污染者清洁土壤的行为要得到土壤所有人的认可。

三、德国

德国是一个重工业极其发达的国家，也走过了其场地污染与治理的历程，其法律规范相对完善。德国的第一部环保法是 1972 年通过的，经过将近半个世纪的发展，已经演化成为当今世界上最详细、最先进、最完备的环境保护法律。从 20 世纪 60 年代中期制定《保护空气清洁法》开始，德国紧接着对各个领域的环境污染和资源利用问题颁布了新的法律法规，先后制定了《垃圾管理法》《三废清除法》《环境规划法》《联邦水管理法》《自然保护法》《废弃物处置法》《森林法》和《渔业法》等。随着生态问题的严重，法律也对环境修复做出调整。比如，《水保持法》规定了对不同生产部门的废水状况的最低要求，凡是含有危险物质的废水，按规定均要根据当今的技术水平先进行净化。德国的《联邦矿产法》还规定，凡是因为开矿而被破坏的土地，在生态修复的过程中必须还原到该土地之前的面貌，包括对原来自然景观的重建。德国在污染场地修复领域进行了相关的立法，其中最为重要的法律文件有两部。一部是《防止土地有害变化和对污染场地修复法》，另一部是《联邦土地保护和污染场地条例》。德国的法律规定极为严格。原因在于，德国要求凡是能够给土地带来重大影响的人都应当要保障土地使用过后不发生不利的改变。这是土地使用人的基本义务。德国将土壤生态修复责任人分为两类，分别是行为责任主体与状态责任主体。行为责任人指因自身堆放、排放和泄漏等污染和破坏行为造成土壤发生不利改变的行为主体。土地的所有者和使用者就是所说的状态责任人。状态责任人是土地的所有者或者拥有事实上管领力的人状态责任产生的前提条件，一旦责任者丧失了对物的所有权或者实际的管领能力，状态责任即告免除。

西方发达国家根据自身国情制定生态修复制度，在实施的过程中取得了许多成功的实践经验。鉴于我国生态修复工作起步较晚，故而难免存在修复技术上的落后以及修复经验上的不足。借鉴西方国家有关生态修复成功的经验，有利于我国在生态修复过程中避免再走不必要的弯路。国外完善生态修复法律法规的制定与实施，政府对生态修复的大力支持，公众积极参与生态修复实践，充分运用金融、市场等多种经济手段推动生态修复的开展等先进做法为我国建立健全生态修复法律制度、完善生态修复主体提供了许多有益的经验。

第六节 完善我国生态修复主体的法律建议

一、制定《中华人民共和国生态修复法》，明确适格生态修复主体

应当制定专门的《中华人民共和国生态修复法》，把生态修复制度以专门的法律形式明确下来，整合和修改分散在众多法律，诸如《中华人民共和国环境保护法》《自然资源法》《中华人民共和国清洁生产促进法》等中涉及生态修复的相关规定，并把上述法律中没有做出规定的内容加以补充、完善。

除了制定生态修复基本法外，还可以在国家层面和地方层面分别制定有关生态修复的行政法规和地方性法规规章，明确适格生态修复主体。其中，国家层面的生态修复行政法规可以有《生态修复规划条例》《生态修复行政管理条例》《水体生态修复条例》《矿山生态修复条例》《草原生态修复条例》《森林生态修复条例》《土壤生态修复条例》《"四荒"生态修复条例》及《海洋生态修复条例》等。地方性生态修复法规可以包括专门的生态修复综合性立法与针对特定地域、特定范畴的生态修复专项立法。

（一）国家层面

生态修复本身是一个巨大的社会问题，生态修复制度的法益包括生态利益兼具私益双重属性。我国法律规定矿藏、水流、森林、草原、滩涂等自然资源都属于国家所有。国家应该禁止任何组织或者个人用任何手段侵占或者破坏自然资源。

国家是生态修复工作的领头羊，带领其他修复主体共同完成修复任务。第一，国家应当围绕生态修复制定一系列具体的法律规范，完善生态修复法律体系，明确各方修复主体的职责与任务，确定生态修复相关事项的具体标准。第二，国家应当提供专项财政资金进行生态修复，建立专门的管理机构领导生态修复工作的开展、推进、完成、保持，以及对事后的跟踪监督，以及对因生态修复而合法利益受损者进行国家补偿。国家需要审慎用权，积极履行责任义务，推动政府生态环境相关信息公开工作的展开，以保障人民群众的生态环境信息知情权和生态保护参与权，为人民监督国家生态修复工作提供制度保障。第三，政府官员要有全局和长远的意识，不能主要着眼于当前的经济效益和生态效益，更要考虑长远的社会和生态价值。这一点至关重要，它决定着政策的

导向。第四，政府官员及其工作人员要有务实的工作态度，深入了解当地的生态修复状况，搞好实地调查和数据收集工作，为相关政策的出台提供依据，真正做到对症下药。第五，政府要做好与人民群众的沟通，了解人民群众的所思所想，做好宣传工作，得到人民群众的配合。第六，政府要与企业达成共识，给予在生态修复工作中有突出贡献的企业一定的政策倾斜，实现多方共赢。

（二）企业组织层面

产生污染、破坏的企业、组织一直以来都是生态修复责任主体。一方面，是因为其是生态环境污染、破坏的直接推手，其行为导致生态环境质量下降，造成生态危机的发生和扩大；另一方面，《中华人民共和国环境保护法》规定环境民事责任实行无过错责任原则及污染者负担原则，当污染、破坏行为人的行为造成生态环境损害时，无论其主观状态如何，污染、破坏行为人都有义务承担生态修复的法律责任，其应当成为生态修复法律责任的责任主体。企业环境责任是企业维持生存第一目标的具体要求，即企业只有积极履行自身发展所带来的环境污染、破坏治理义务，积极承担社会责任，才能确保其在市场经济中生存并盈利。另外，企业亦是环境损害加剧的受害者，环境污染和破坏所带来的环境资源质量下降，资源配置关系紧张，亦对企业的发展和盈利产生了极大的消极影响，企业作为环境权益受损者，其有权参与环境修复，通过发挥其所有的优势（亚当斯密的市场理念中所提出的“看不见的手”的作用），为其环境权益的保障寻求救济途径。

我国法律规定了生态环境侵权行为人的公害民事责任，包括赔偿损失和排除危害。这是最直接的责任承担方式，污染、破坏行为人对其行为造成的国家、公民、法人的直接财产损失和公民的人身损失需要进行赔偿；对于被破坏了的生态环境则需要承担生态修复的责任。行为人在承担公害民事责任的同时，还需要承担行政责任，甚至刑事责任。我国“行政法”和《中华人民共和国刑法》分别规定了对污染、破坏生态环境者的行政处罚和刑罚。其既可能被吊销营业执照、责令停产停业，也可能被判处刑罚。

（三）受益人层面

从矛盾论的观点看，受益人在享受生态利益的同时，损害了另一方生态主体的利益，破坏或者消耗了生态资源。而在这种情形下，生态修复的责任往往由政府承担，但最终会转嫁到普通社会公众身上，这显然不公平。因此，《中华人民共和国环境保护法》提出了“谁受益，谁补偿”的原则。受益人在获取利益的同时，需要承担生态修复的法律责任，以减缓环境不公，进而减轻社会不公。

具体而言，受益者应当向为生态修复做出贡献者按照市场规则提供补偿，促使外部经济内部化，抑制生态破坏行为，鼓励生态保护和修复。除此之外，政府可以施行激励政策，鼓励投资人投资生态修复工程，工程的增值受益由投资人享有，这也是一种变相的受益和补偿。

这样不仅扩大生态修复经费来源，缓解国家财政压力，也有利于生态系统的修复。

（四）其他责任主体

1.信贷、投资机构

当信贷、投资机构为了追逐利润而大规模投资严重破坏生态环境的项目时，其相当于一个隐形的污染者，而根据现行法律，信贷、投资机构对所投资项目造成的生态破坏的后果无须承担任何生态环境责任。我国也出台了一系列有关绿色信贷、投资的政策性文件和规范，规定了信贷、投资机构的绿色信贷、投资义务，但都是倡导性的政策性义务，效果非常有限。因而，法律需要明确规定信贷、投资机构不良投资的生态环境法律责任，其与直接污染企业应该连带承担环境污染责任。国家也应当强化对信贷、投资市场的管理，促使信贷、投资机构履行不良投资引起的生态修复的法律责任。

2.环境中介机构

环境中介机构接受相关委托，并收取委托费，本身就是一种商业行为。《中华人民共和国环境保护法》第六十五条明确了环境专业中介机构的连带责任。当环境专业中介机构为了追求商业利益而出现信用风险时，必须通过强而有效的法律责任机制进行治理，在造成不良生态影响时，企业需要承担起生态修复的法律责任。

3.环境污染责任保险机构

环境污染责任保险，也被称为“绿色保险”，是一种特殊的责任保险和生态险，是以企业发生污染事故对第三者造成的损害依法应承担的赔偿责任为标的的保险。在环境污染责任保险关系中，保险人承担了被保险人因意外造成环境污染的经济赔偿和治理成本，使污染受害者在被保险人无力赔偿的情况下也能及时得到给付，是整个责任保险制度的一个特殊组成部分。因为责任的转移，环境污染责任保险机构在进行生态赔付的同时，要适当承担起生态修复的法律责任。

二、提升生态修复主体的生态修复意识

多元化主体参与生态修复的实现，有赖于各主体生态修复意识的提高，故

实现多元化主体参与生态修复，须从生态修复意识方面重点着手。

对于政府而言，应强化政府的环境服务意识，弱化其“政府本位”思想，鼓励政府将“重心”移到宏观管理层面，弱化“绝对支配”管理理念，树立与其他生态修复主体协调合作的意识。促进政府管理体制由“全能型”向“服务型”转变，鼓励政府“权力让渡”，将部分生态修复的权力“让渡”为权利并分配给其他生态修复主体，使生态修复的权力与权利的配置适当，强化多元价值观在生态修复中的体现，协调不同主体的利益，促进修复资源在不同主体间的合理分配。

对于企业而言，应该加大对企业的环保宣传教育，树立企业负责人的环保意识，从源头上减少企业在生产过程中对生态环境造成污染破坏的行为。对于为了自身的经济利益而罔顾生态环境的企业，可以通过经济税收政策进行调节，使企业的污染成本提高，迫使企业不得不改进生产设备，提高资源利用率，把其对环境造成的不良影响缩减到最小，以经济杠杆促使企业履行环境责任，树立清洁生产理念。

亦应强化民众和志愿组织参与生态修复的意识及能力。志愿组织为民众提供了强有力的组织归属，是代表民众监督政府、企业并与之互动交流的重要角色，提升志愿组织参与生态修复的意识，能够有力地实现其组织目标，促进生态修复理念在社会中的传播，为生态修复的顺利开展培育着环保意识土壤。虽然法律法规鼓励志愿组织参与生态修复活动，但是对于志愿组织而言，除了政府在财政、税收等方面的政策及鼓励措施外，志愿组织应加强组织内部建设，包括强化志愿者培训、拓宽资金来源渠道、健全组织监督机制，提升与政府、民众沟通的实力，确保有能力参与生态修复。

三、加强生态修复主体修复能力的建设

解决我国生态修复实践中的各种问题，主体修复能力的建设是不可或缺的。笔者认为，加强生态修复主体的能力建设应包括两方面的内容，即生态修复主体硬件建设和软件建设。硬件建设主要是指人力、物力、财力和技术能力的发展与加强；软件建设是指各主体要素的优化和主体之间及其内部结构的优化。由于各个生态修复主体具有不同的特征，其在生态修复过程中所应当和实际可以起到的作用和存在的问题也不尽相同。因此，在对各个主体要素进行优化的过程中，也要具体问题具体分析。

对于政府相关管理部门及其成员而言，首先，要改变政绩评价标准，把生态修复效果作为政绩评价的重要指标，坚决克服重经济指标、轻生态环境指标

的短视行为。其次，要强化在政府机构中起决策作用的领导阶层的生态修复意识，使其在追求经济发展指标的同时，不应以牺牲环境利益为代价，自觉争取做到生态和经济双赢，从提高生态修复管理水平中找到脱贫致富的路子。

对于企业要运用经济的手段，建立生态修复成本机制和激励机制，改变企业和个人守法成本高、违法成本低及有效激励不足的现状，使大部分企业能自觉将追求经济效益和社会效益结合起来，走可持续发展的道路。

对社会公众而言，要大力加强知识和能力培养，将其生态修复的热情与科学的实践结合起来，使社会公众成为监督政府和企业履行生态修复责任的重要力量，同时能作为生态修复主体的一员，在生态修复工作需要用到自己的专业、学科、工作知识与背景的时候加入生态修复事业当中来。

生态修复主体之间结构的优化要从以下几个方面入手：一是要强化政府在生态修复实践活动中的主导地位；二是明确企业和个人在生态修复中的主体地位及其义务；三是积极培养和壮大志愿组织的力量；四是建立各大主体之间的沟通对话机制，推动各大主体在生态修复实践活动中的交流与协作，实现生态修复的整体化运作。这样一来，各大主体的生态修复能力不仅能得到有效的加强，而且有利于主体之间形成合力，产生更积极的影响与成效。

四、完善第三方生态修复治理机制

（一）第三方修复治理主体规范化

严格环境污染第三方治理企业的市场准入标准，从源头上为第三方治理市场规范化运作提供制度保障。可以从企业的注册资金、技术，市场的价格门槛等方面制定企业准入标准，使第三方治理企业规模法律化、治理主体规范化。在市场准入退出机制不够健全的宏观背景下，应当逐步建立健全环境污染第三方治理市场价格体系，严格市场的价格准入。其中制定环境污染第三方治理服务价格应具有地区可比性。坚持环境污染第三方治理的市场化运作模式，尊重市场规律自身发挥作用，使第三方治理体系中的价格体系、信用体系、资质评定标准体系等在公平的市场氛围下形成，政府在市场之外做好市场监管和风险调控工作，弥补市场机制缺陷。营造一个公平的市场竞争氛围，促进第三方治理企业的优胜劣汰和技术提升。

（二）第三方修复治理主体权责界限明晰化

1.规范合同双方的责任

在第三方治理制度中，排污企业通过签订委托合同将环境污染防治的技术工作转移给第三方治理企业，同时将污染治理风险也整体打包转移到第三方。

排污企业本身就是污染物的产生源头，不能因为将环境污染治理委托给第三方，就转嫁环境法律责任，否则有可能出现排污企业利用其他虚假第三方治理企业规避法律责任的现象。第三方治理制度以“损害担责原则”为基础，该原则可以理解为将“担责”作为“损害”企业的法定义务，这种义务是不可推卸的。因此，应根据双方合作方式、具体的环境违法行为进行具体分配责任，如针对治污设施资产分别属于污染物产生企业、第三方治理企业的情况，区分界定法律责任。

2. 明确合同双方的利益

在第三方治理市场交易过程中，还应该通过制度明确合同双方的利益。作为被服务者的排污企业应做到根据第三方企业治理效果，及时给付第三方治理企业应得的治理费用，保障第三方治理企业的合法收益，同时享受第三方提供治理服务所带来的利益。作为提供服务者的第三方企业，应为客户提供高效的治理服务，积极为客户企业的污染处理设备和装置进行维护升级和改造，帮助客户达到污染防治的目标，实现合同约定目标，同时享有索取合法报酬的权利。在第三方市场交易过程中，明确合同双方的利益，规范企业双方的权利和责任有助于规范第三方市场交易行为，帮助第三方治理模式顺畅运行。

3. 税收优惠及融资策略

目前国家加大生态文明建设，掀起了环保产业发展的新浪潮，环保产业投资、融资将出现“井喷”的现象，相关政策配套机制应随着第三方治理制度的发展逐步建立起来，政府应对环境污染第三方治理制度涉及金融、税收等方面提供相关倾斜与支持。

（三）完善环境污染第三方治理信用评价机制

目前我国的第三方信用评价制度发展比较缓慢，跟不上环保产业整体发展的速度，阻碍了我国第三方治理制度乃至环保产业的发展。第三方治理信用评价体系应建立在行内项目业绩的基础上，对信誉好、治理效果突出的治理公司颁发证明，并予以登记；对信誉差、服务质量低劣并且有环境违法现象的治理公司，降低其信誉等级，同样予以登记；对于情节十分恶劣的，列入环保产业黑名单并严禁再次进入第三方治理市场。同时，环保监管部门及时将第三方治理公司的相关信息向社会公布，形成一个系统的诚信档案。一旦出现环境违法的情形，除了进行经济制裁，还要将失信情况加入诚信档案并曝光，限制或取消失信企业享有融资、税收等优惠政策，还可以将诚信档案作为考核运营、特许经营的一项指标。建立第三方治理企业的环境信用记录和违法排污黑名单制度，有利于引导企业加强自律，增强企业守法意识，降低监管成本，提高环保监管效能。

除此之外，可制定相关政策法规，责令第三方治理企业定期公开环境责任报告、排污企业环境责任报告及第三方企业防治效果报告。当排污企业和第三方治理企业发生责任推诿时，这些报告既可以作为一种证据提交到仲裁机构，也可以达到规范和约束双方主体行为的目的，还可以防止双方企业相互勾结，共同欺瞒环境监测部门。

第六章　生态修复的保障机制

生态修复是指为了维护生态系统平衡，支持社会经济平衡持续发展及满足人们对生态利益的需求，由生态修复责任主体对受损生态系统本身予以综合性的人工治理措施，并且对生态损害造成人们的人身利益、财产利益、生态利益及利用生态资源生存、发展利益等受损的情况予以赔偿和补偿的行为。包括生态修复在内的环保手段的直接目的就是确保生态环境的结构和功能处于不受损的健康状态，终极目的应当是能够支撑人类的可持续发展，实现生态文明。生态修复应当包括两方面的修复，即自然生态系统的修复及和自然生态有关的社会生态系统的修复。因此，生态修复的目标设计同样包括三方面的内容：第一，修复海洋自然生态系统，使其结构和功能能持续健康的存在并能维持人类可持续发展；第二，改善人与自然的关系，改变利用格局和生产生活方式；第三，通过赔偿补偿等手段修复自然生态以修复人们与生态利益相关的社会利益（社会关系）。为了达到生态修复的目标，我们应当从生态修复的资金、技术、司法等方面来保障该项工作的顺利开展。

第一节　资金保障机制

生态修复是一个庞大的系统性工程，必须有人力、物力、财力的保障实施。进行生态修复到底需要多少资金？资金从哪里来？这是我们构筑生态修复制度需要解决的又一现实具体问题。首先，生态修复所需资金的数额应当依据生态损害的价值。生态修复资金的应用目的是修补受损的生态系统的结构和功能，正是因为存在生态损害，才需要修复，修复投入多少应当和损害大小等同，修复所需资金量也取决于可计量的生态损害之价值大小。其次，大规模的生态修复资金应基于广泛的来源管道。对于责任者明确且责任者资金实力雄厚的生态损害，应当根据环境责任原则由责任者出具；对于生态损害责任者难以确定或者责任者无力承担修复资金的修复项目，其资金应当来源于国家和社会甚至是国际资金援助，当然这部分资金的具体来源主体、出资方式等还应具体情况具体分析。

生态修复法律制度是指为调整与规范在生态修复活动中发生的各种社会关系，在我国现有法律法规基础上构建起并能够在全国统一施行的规范制度的总和。生态修复中的资金保障制度，则是指在生态修复活动中，明确资金来源、资金方式，规范资金使用并对其进行监督的各种规范制度的总和。

一、生态修复资金保障制度相关立法及其实践

（一）立法层面

根据《中华人民共和国环境保护法》相关规定，对造成污染的，可以对其处以罚款，也可以令其限期治理。但《中华人民共和国环境保护法》对于治理资金的来源、资金方式等并没有进行规定。2011 年颁布《土地复垦条例》，该条例在肯定“谁损毁、谁复垦”原则的同时，区分生产建设互动损毁土地和历史遗留损毁土地及自然灾害损毁土地的形成原因，确定不同的复垦义务人，使复垦责任主体落实到位，同时确立了不同类型土地复垦的经费来源，随后国土部颁布《土地复垦条例实施办法》进一步细化了《土地复垦条例》的有关规定。自然资源部的《矿山地质环境保护规定》（2019 年修订），其第三章初步确立了矿山环境治理修复的法律制度，由采矿人负责治理修复，采矿人应当缴存矿山地质环境治理修复保证金。这为我国矿区生态修复资金筹措奠定了一定的基础。

可见，我国在生态修复资金保障方面并没有统一的立法进行规范，单行法根据自身特点出台了适合本领域资金运行的法律规范。这虽然给予了实践较大的自主性，但对于规范生态修复资金运行却无疑存在一定的不足。

（二）实践层面

现实中，因各地经济发展水平及生态修复的对象不同，不同地区生态修复具体制度存在一定的差异，这当然也包括生态修复资金方面的有关制度。2003 年 8 月淮南市人大常委会通过的《淮南市采煤塌陷地治理条例》第十四条规定了治理资金的五个来源，但从治理实践来看，淮南市政府对于治理资金的投入主要有以下几种方式：一是建立采煤塌陷区综合治理发展专项资金，即市、县、区政府年度投入可用财力 1% 以上的资金建立采煤塌陷区综合治理发展专项资金；二是将搬迁安置工程列入市级民生工程；三是以项目形式，申报矿业权价款，弥补搬迁工程资金不足；四是积极争取省级资金支持。可见，淮南市治理采煤塌陷区的资金主要还是依赖财政拨款及专项资金。2012 年，淮南市

政府为了规范发展采煤塌陷区生态修复专项资金的使用和管理，颁布实施《淮南市采煤塌陷区综合治理发展专项资金使用管理暂行办法》，该办法明确了专项资金的使用原则、范围和支持方式及专项资金申请的条件和程序性问题，在一定程度上保障了采煤塌陷区修复的资金问题，但并未能从根本上解决资金难题。

在治理湘江生态环境方面，为筹集治理资金，《湘江流域重金属污染治理实施方案》工作方案（2012—2015 年）提出“政府引导，地方为主，市场运作，社会参与”的多元化筹资机制，具体包括下几个方面：一是争取国家资金支持；二是整合各部门有关污染治理、生态修复、矿山整治、基础设施建设等方面的资金；三是充分发挥企业主体作用，根据现有企业污染源治理原则以企业投入为主；四是加大信贷力度；五是发行债券，积极推行排污权交易、生态补偿等政策。2011 年国家开发银行湖南省分行编制了《湘江流域重金属污染治理融资规划（2011—2020 年）》，并与省发改委签订《开发性金融支持湘江流域重金属污染治理融资协议》提供综合融资意向。2013 年 6 月，湖南省人民政府发行了国内第一只重金属污染治理专项债券，发行金额为 16 亿元。截至 2014 年 2 月底，湖南省共发行了 67 亿元湘江流域重金属治理专项债券。此外，湖南省政府还不断探索推进排污权交易、上下游生态补偿、环境责任保险、排污权抵押贷款等多种市场手段引导湘江流域重金属的治理工作，同时为治理资金提供了融资的渠道。

由此可见，我国目前没有生态修复统一立法，关于生态修复的一些法律制度散见于一些法律法规、政策文件当中，进而造成各地在实践中做法不一。生态修复资金的来源应当是破坏生态和污染环境者，然而目前我国生态修复资金主要由政府财政转移拨付，给国家财政和地方财政（尤其是地方财政）造成重大负担，中西部很多欠发达地区根本无力支撑生态修复的开展。目前的资金制度主要针对治理生态环境的费用，缺少因生态破坏所导致的经济与社会可持续发展的损失。不利于实现人与自然、人与社会的永续发展。这些困境都亟须完善的法律规定进行规制。

二、域外生态修复资金保障考察及其对我国的启示

（一）主要国家资金保障制度

1. 美国

1977 年美国颁布了第一部全国性的《露天采矿管理与土地复垦法》，该法

规定了严格的复垦保证金制度，即申请人在采矿许可证获批但尚未发放前，必须缴纳复垦保证金，该保证金是在采矿者不履行复垦义务时用于支付复垦作业费用的，这一制度促使采矿企业积极履行复垦义务，并为完成复垦提供了初步的资金保障。对于该法颁布之前的废弃矿区，由政府使用废弃矿区复垦基金进行修复。

1980 年美国国会通过《综合环境反应、赔偿和责任法》，该法是美国针对危险物质不当处置引起的土壤污染和自然资源损害进行的联邦立法，又因其中的环保超级基金而闻名，因此通常被称为《超级基金法》。该法所确定的环保超级基金是政府用于支付因排放有害物质而造成环境损害和财产损失所需要的治理费和赔偿费，而超级基金资金的主要来源是税收、财政拨款及基金收益。

2. 澳大利亚

1996 年澳大利亚制定《澳大利亚矿山环境管理规范》，开始施行抵押金制度。抵押金制度与美国的土地复垦保证金制度类似，环保局根据上年度矿山企业土地复垦完成情况和参照周边类似案例核算土地复垦费用，进而确定抵押金的缴纳制度，具体的缴纳比例则可以根据土地复垦的实际效果确定，上一年度复垦效果比较好，则抵押金的缴纳比例可以很低；抵押金可以现金缴纳，也可以通过银行或者其他金融机构以担保的方式提供担保，但抵押金的数额要足以保障完成土地复垦任务。

（二）对我国的启示

从以上对国外生态修复的政策、法律法规的介绍不难发现，发达国家都非常重视环境治理方面法律法规体系的建设，而且生态修复具有强大的资金支持制度。西方发达国家的生态修复工程之所以能持续十几年甚至是数十年，最为重要的一个原因就在于生态修复工程的资金保障制度完善，主要体现在以下几个方面。

（1）资金渠道多，生态修复资金可以由污染企业支付，也可以是财政拨款，还可以从生态环境税收中提取，还可以由社会团体捐赠。

（2）资金收取标准灵活，但总额要求严格：收取的标准可以根据生态修复工程的规模、地理、地质环境及同地区的个案综合确定，也可以综合上一年度生态修复的效果和周边地区生态修复工程情况确定比例，还可以按照企业生产经营的收益或利润按比例提取，但无论按照什么标准和比例收取生态修复保证金，都必须保证该费用金额可以完成生态修复的任务。

（3）资金形式多元化，西方国家对于生态修复的资金并不完全要求必须以现金的方式缴足，也可以是金融机构提供的信用证、支票或者债券公司发行的债券，甚至可以使用财产抵押或由法人保证。

（4）资金监管到位，西方国家非常重视环保资金的监管，比如德国联邦审计院早在1992年就成立了环境审计处，专门负责审计监督联邦预算环境保护专项资金的管理和使用情况，各州的审计院负责审计本州的环境保护专项资金的管理和使用情况，美国、加拿大都已形成了较为完备的环境审计制度，充分发挥了保障和监管环保资金使用方面的巨大作用。

三、生态修复资金的具体构成

（一）生态修复基金

1.生态环境修复基金的概念

生态环境修复基金是指以保护环境、修复被破坏的生态环境为目的而设立筹集的资金。按照基金的分类模式，生态环境修复基金的设立不以营利为目的，而是为了社会公益。因此，生态环境修复基金应当属于非营利性基金，或称为公益基金。在国内，较为典型的公益基金包括住房公积金、养老金、各类奖学金、残疾人助残金等。但是，生态环境修复基金的非营利性质和公益性并不完全使该项基金仅存在于账户中，其资金仍然与社会其他资金一样拥有创造经济价值的能力。在国外的具体实践中，公益基金由专业的基金管理公司进行经营管理，这既不改变其公益基金的性质，也使其在金融市场上创造着经济价值。

2.生态环境修复基金的功能

在说明生态环境修复基金功能之前，首先要区别生态环境修复基金与环境侵权赔偿金。在我国法律规定中，对环境侵权赔偿金有较为明确的规定。生态环境修复金与环境侵权赔偿金两者最主要的区别在于资金补偿的对象有所不同，生态环境修复基金主要针对生态环境破坏自身所引起的损害进行经济方面的补偿，可是环境侵权赔偿金主要面向的是由于环境损害而在健康与财物方面受到损失的受害者。同时，环境侵权赔偿金一般都有特定的受益人，而生态环境修复基金的受益人多数时候为不特定的公民或全社会。生态环境修复基金的基本功能就是对生态环境破坏进行补偿。随着越来越多的生态环境破坏事件的发生，经常会出现生态环境破坏的损害人由于种种原因不能或不愿对其已经造成的生态环境破坏进行补偿，导致大量的生态环境问题无法修复、无从解决。生态环境修复基金的设立正是为了在最后一道防线上拦住生态环境恶化的结果。通过其他救济方式都无法解决的生态环境问题，由生态环境修复基金做出最后的努力。

3. 我国生态环境修复基金制度在实践中的探索

正如上文提到的生态环境修复基金的基本功能就是对生态环境破坏进行补偿，为了解决生态修复工作所需大额资金的来源问题，全国不同地区已经着手根据本地区的实际条件和情况在生态环境修复基金这一问题上进行了切实可行的探索。

在面临诸如环境公益诉讼赔偿金及社会生态环境保护慈善捐助的资金压力下，由部分地区先行探索建立区域性、特殊性的生态环境修复基金，再由特殊到一般，为我国建立国家范畴内的生态环境修复基金提供实践基础和宝贵经验，这也符合马克思主义哲学方法论的要求。贵阳、昆明、大连、无锡、鄂尔多斯等地区和城市对于建立生态环境修复基金的探索虽然在形式上或内容上大相径庭，但都不失为一种良好的尝试，对于建立全国性的生态环境修复基金提供了宝贵的实践经验。

《中共中央关于全面深化改革若干重大问题的决定》（2013）指出设置生态文明体系的要求，一定要构建完善、科学的生态文明机制，采取最完善的责任追究、侵损赔偿与源头维护机制，将生态修复与环境治理体系予以健全，通过体制为生态环境提供保障。作为司法实践中环境责任形式之一，生态修复伴随国家政策及相关的《民事诉讼法》（2017 修订）及《环境保护法》（2015）及《民法典》（2021）的相继颁布实施逐渐进入司法活动的视野。在没有国家层面的制度要求下，我国各个地区也在通过具体的司法实践探索生态环境修复基金制度的构建。面对生态环境的破坏，怎样确定生态环境修复基金的数额，如何使用和管理成了构建生态环境修复基金制度中不可回避的话题。在实践中，不同地区司法机关在建立生态环境修复公益基金上进行了积极的探索。

（1）贵阳以政府为主导的生态文明基金

作为我国环境司法领域当之无愧的排头兵地区，贵州省及贵阳市早在 2007 年就对生态环境修复基金进行了探索。贵阳市的“两湖一库”管理局和贵州省贵阳市“两湖一库”环境保护基金会相继正式成立，标志着贵阳市在进行生态环境保护的道路上开启了新的模式。由于贵阳市“两湖一库”管理局是贵阳市政府的下设机构，因此以政府机关为主导的模式也成了贵阳市在生态环境修复基金领域探索的标签。2013 年，贵阳市“两湖一库”环境保护基金会正式更换名为贵阳生态文明管理基金协会。该基金会是经贵州省民政厅批准的省级公募基金会，其上级业务主管单位是贵州省环境保护厅。基金会的主要工作内容是传播生态文明理念，倡导生态文明行为，实施生态保护项目。作为一家地方性公募基金会，截至 2018 年，贵州省贵阳市生态文明建设基金会在贵州省以及贵阳市两级政府的引导下，起到了促进社会各界关心、关注环保事业的作用，已收到来自企事业单位及个人等捐款6 000余万元。贵州省贵阳市生态文明公益基金的设立，对于当地环境公益诉讼的开展提供了支持，为地区生态环境保护理念的宣传和保护发挥了重要的作用。在相关的环境公益诉讼案件中，由于当事人有了该基金会的经费支持与援助，环境公益诉讼在贵州省及贵阳市得到了较快的发展。

（2）昆明以环保机关为主导的环境公益诉讼救济基金

与贵州省紧邻的云南省昆明市也在生态环境修复专项基金上做出了自己的探索。昆明市中级人民法院将生态修复费用充当环境公益性诉讼救助资金的重要来源，在昆明环境公益性诉讼救助专项基金中纳入生态修复经费，主要作为环保机构申请环境公益性诉讼所耗费的评价鉴别费与调研取证费等，或作为修复环境公益性诉讼案侵权者引起的环境危害的开支，或作为救济没有资产用以落实的环境侵权案受害者做的开支。在法规上，《昆明市环境公益诉讼救济专项资金管理暂行办法》是由昆明政府于2010年年底颁布的，该办法将救济资金专门账户交由昆明市环保局管理，由审计部门对该资金账户的管理使用进行监督。与贵阳模式通过社会各界的捐赠确保资金来源不同的是昆明模式的资金由政府财政支持、法院判决的无特定受益人的环境损害赔偿金等方面组成。而这部分资金的利用则主要体现在环境公益诉讼涉及的调查取证、鉴定评估、诉讼费用、环境修复和执行救济等合理的支出。

（3）大连专款专用的森林生态效益补偿基金

有别于贵阳和昆明两地建立较为统一且涉及面较广的生态环境基金，大连市则对基金进行了较为细致的区分。《生态公益林补偿基金管理办法》是由大连政府于2010年正式颁发的，且设置了森林生态效益补助基金，用于对生态区位极为重要或生态状况极其脆弱的公益林林地进行管护和补偿。该办法对各类公益林“补偿基金”的管理和使用做了明确规定，建立补偿基金拨付、使用和管理档案，意在促进保护发展大连市的生态公益林资源。大连市这种专为“公益林”成立的基金在一定程度上能保证该基金专款专用在该类生态环境问题当中，也是在生态环境修复基金大背景下的一种有益的探索。

（二）政府资金支持

生态修复所需资金数额巨大，如果全部由责任者承担，要么杯水车薪，难以达到生态修复目标，要么责任者因为承担巨大的修复责任而被拖入无力发展自身经济的泥滩。况且因历史遗留问题或自然灾害导致生态损害是无法确定责任人的，这种情况下肯定不能放任生态损害继续恶性发展，必须进行修复，可是该由谁来修复？又该如何保障修复资金来源呢？

根据《中华人民共和国环境保护法》第六条的规定，一切单位和个人都有保护环境的义务，因此基于生态系统整体性要求，一切自然人、单位包括政府或者其他组织都有一定的生态系统养护义务。我国海洋资源属于全体公民，对于生态系统的养护、治理、修复是我们共同面临的问题，也即保证和修复生态系统平衡是我们共同的责任。根据环境问题的“外部性理论”和法律的“公平责任原则”，“受益者付费”也是《中华人民共和国环境保护法》规定的环境保护责任原则的内容要求，而国家是全体公民利益的代表，是代表全体国民行使生态资源公共财产权的权利人，是公共财产管理权的受托者。因此，由国家承担生态损害责任者承担之外的修复责任无可厚非。比如，《中华人民共和国海洋环境保护法》规定，国务院和沿海地方各级人民政府有保护具有重要生态价值的生态系统的义务，应当对遭受破坏的生态进行修复。[①]

就全国范围内的各种生态修复而言，政府预算拨款和财政拨款、环保修复企业自筹资金各占生态修复资金的54%和21%，污染责任方与其他修复资金筹集方式占25%。[②]目前，政府出资仍然是生态环境保护的主要资金来源方式。比如，山东省烟台市长岛县从2012—2017年共投入12.5亿元，实施了包括人工鱼礁建设、生态修复区建设、海洋种质资源保护区建设在内的48项生态修复项目。[③]另据广东省自然资源厅的新闻数据，为了推进美丽海湾建设，2019—2021年，广东省省财政将安排15亿元专项资金，用于海岸带整治修复和近岸海域污染监测防治，专款专用于海岸、自然岸线修复、滨海湿地修复等重大生态修复工程。

政府为生态修复提供资金支持的主要方式包括政府预算、政府财政拨款、中央和省级政府的转移支付、环境税收、国有银行的免息贷款。

1.本级政府预算

各级政府应在对其管辖内海域生态环境调查的基础上，将修复所需要的资

① 《中华人民共和国海洋环境保护法》第二十条规定：“国务院和沿海地方各级人民政府应当采取有效措施，保护红树林、珊瑚礁、滨海湿地、海岛、海湾、入海河口、重要渔业水域等具有典型性、代表性的海洋生态系统，珍稀、濒危海洋生物的天然集中分布区，具有重要经济价值的海洋生物生存区域及有重大科学文化价值的海洋自然历史遗迹和自然景观。对具有重要经济、社会价值的已遭到破坏的海洋生态，应当进行整治和恢复。”

② 陈瑶.我国生态修复的现状及国外生态修复的启示[J].生态经济,2016(10):187.

③ 杨振姣，闫海楠，王斌.中国海洋生态环境治理现代化的国际经验与启示[J].太平洋学报,2017(4):82.

金纳入本级政府的预算。实际上，政府预算也一直是生态修复资金的主要来源和最有力的保障。

2. 财政转移支付

虽然从整体上来看，我国东部沿海地区经济发展较好，但同属沿海地区，各地经济发展并不平衡。比如，海洋大省广东省经济发展极其不平衡，珠三角沿海地区经济发展处于我国前列，达到了中等发达国家水平，但粤西、粤东沿海经济发展还达不到全国平均水平，很多地方财政在维持本地基础设施建设、民生工程等方面已显得力不从心，而负担巨额的生态修复资金实属“奢侈”之举。这就需要中央和省一级政府进行资金调拨或者转移支付，协助欠发达地区修复受损生态。比如，在2010年5月18日，财政部经济建设司、原国家海洋局财务司联合印发了《关于组织申报2010年度中央分成海域使用金支出项目的通知》(财建便函（2010）83号)，通过中央分成海域使用金方式支持地方实施海域、海岛和海岸带整治修复及保护项目。①

3. 环境税收

与环境和资源有关的税收制度，是国家环境管理中经常采用的一种宏观调控工具和经济刺激手段。2018年1月1日《中华人民共和国环境保护税法》正式实施，该法第二条即规定了凡是向海域排污者都应当缴纳环境税。环境税进入国家一级财政，国家也应当安排财政预算用于生态修复。

4. 银行低息贷款

通常来说，资金问题是生态修复责任者面临最大的实际问题，在无其他资金来源的情况下，责任者通常都会求助于银行贷款。银行贷款是责任者筹集资金的重要管道。国家应当鼓励各级各类银行业以免息、低息等形式帮助责任者筹措资金。这其实也是国家通过经济的杠杆作用调节经济发展和生态环境保护之间的关系。②

四、目前生态修复资金来源与管理存在的问题与完善机制

（一）资金投入机制未理顺，应健全多渠道的资金投入机制

综合来看，目前我国生态缺乏充裕修复资金这一困境的主要原因是欠缺多渠道的、灵活的、长效的资金投入机制。资金投入机制未理顺，存在以下典型问题。

① 张志卫，刘志军，刘建辉．我国海洋生态保护修复的关键问题和攻坚方向[J].海洋开发与管理，2018(10):27.

② 何嘉男．中国生态修复法律制度研究[D].咸阳：西北农林科技大学，2018.

第一，过于依赖中央财政资金投入，地方政府生态修复的动力不足，甚至为了经济发展，有故意懈怠之嫌。

第二，过度依赖政府的资金投入，而经济欠发达沿海地区的地方政府本身财政吃紧，无法腾挪出资金投入他们认为的并非社会经济发展之必要、迫切事项的生态保护问题。

第三，缺乏金融政策研究与支持，银行无利益可图，没有支持生态修复资金的动力。

第四，没有利益共享机制，社会资本参与的热情不高。目前，政府投入仍然是生态修复资金的主要来源，但是根据环保督察的结果，就算有些地方政府已经做了财政预算或者做出修复承诺，但是资金并未实际到位。

各地方政府应当以长远的眼光看待生态修复，高度重视该项工作，加强资金支持力度。首先将修复资金纳入本地政府财政预算；除此之外还应当进行金融政策创新，吸引开发性、政策性和商业性金融机构参与进来；拓宽融资管道，吸引社会资本参与，研究和推广“PPP”融资模式①；完善生态补偿和生态损害赔偿制度，保障这部分资金实际到位。另外，还要完善资金管理和使用制度，确保生态修复资金专款专用，提高资金使用效率。

（二）资金归属和运行机制不明确，应当建立专项资金账户并健全运行机制

在生态环境损害的司法诉讼中，原告多请求判决被告承担生态环境修复的费用，根据法律规定，这部分费用包括制订、实施修复方案的费用；修复期间的监测、监管费用；修复完成后的验收费用、修复效果后评估费用；生态环境受到损害至修复完成期间服务功能损失的费用；请求第三方专业机构修复的咨询、技术、劳务费用等。上述费用是以受损生态环境具备修复的可能性和可行性为前提的，这些费用的性质就是生态修复费用，专项用于生态修复，而不能当作生态损害赔偿金。只有在受损生态不可能或者不能完全被修复时，法院判决被告支付的费用性质才是损害赔偿金。

环境民事公益诉讼的原告方多为环境公益组织，原告提起公益诉讼并非自身利益受到损害。损害赔偿是对受害者的赔偿，作为原告的公益组织并非受害方，不能接受法院判决的生态损害赔偿款。那么问题来了：这部分资金到底应该如何归属？又该如何运营？谁来监管？

① 张志卫，刘志军，刘建辉．我国海洋生态保护修复的关键问题和攻坚方向[J]．海洋开发与管理，2018(10):30.

由于现行法律没有对环境公益诉讼和生态损害赔偿诉讼中所涉及的生态环境修复费用、生态损害赔偿金的归属、使用和监督进行规定，因此关于此项资金的归属及运行有待进一步规范。在司法实践中，不同法院有不同的处理方式。比如，贵州省清镇市人民法院尝试将诉讼中的生态修复资金放入公益基金账户；山东省东营市中级人民法院环境资源审判庭将该部分资金放在了财政局设置的专项资金账户中。[①] 关于修复资金的归属与运行，笔者认为，考虑到政府机关更具公信力和安全性，可以按照山东省东营市的做法，在政府财政局部门设立专项生态修复基金账户，法院和财政局无缝对接。该资金用于生态修复的整个过程的信息应当向社会披露，接受社会公众的监督。

建立合理的资金保障机制不但可以保证生态修复开展，还能有效地实现生态修复的可持续性与生态保护的长期性，最终呈现碧海蓝天、绿水青山的健康生态，也实现了生态正义。

第二节　科技保障机制

科学与法律有什么关系呢？世界万物之间有普遍的联系，这些现象如何发生具体联系，在一些具体的事物、现象之间究竟有无因果关系，以及有什么样的因果关系，这些问题都是人们至今一直在探讨的，并将持久地探讨下去。如果说科学是基于实验观察发现因果关系的一种系统努力[②]，那么因科学发展而引发的对社会生活的某一方面的因果关系的认定、理解和把握就经常会对法律制度的制定产生影响，并对通过法律制度完成的责任分配产生重大影响。

技术是人类改变或控制客观环境的手段或活动，以改造世界为目的。[③] 随着技术的进步，有关规制技术的发展，与现代科学相联系的技术发展也在不断推动法律制度的发展，甚至会促使全新的制度发生。从生态立法来看，随着生物技术的发展，在生态资源开发、利用、保护中不断产生新的立法领域，推动生态法律制度的发展。环保技术的发展对一些传统的法律领域也提出了一系列新的问题。比如，在领海制度中，早期是 3 海里，海洋技术的发展使沿海国家开发利用海洋资源能力提高，要求开发利用沿海海洋资源的范围也扩大，不仅

① 王云兰．论我国生态环境修复法律制度的完善 [D]. 南昌：东华理工大学，2018.

② 张志卫，刘志军，刘建辉．我国海洋生态保护修复的关键问题和攻坚方向 [J]. 海洋开发与管理，2018(10):27.

③ 苏力．法律与科技问题的法理学重构 [J]. 中国社会科学，1999(5):57-71.

对领海宽度提出了新的要求，而且要求专属经济区或渔区。在《联合国海洋法公约》中领海被定为12海里，并出现200海里专属经济区和渔区制度，这些制度均丰富发展了生态法律制度体系。[①]

持续利用生态环境资源、防治生态环境污染的技术被大量应用到立法过程中，势必会出现新的法律规范形式——生态保护技术法律规范，使生态法律规范的内容得以日趋科学化。

生态法律具有很强的技术性特征，就是将大量遵循自然规律，持续利用资源、防治环境污染的各种技术规范、操作规程、标准等纳入生态法律，上升为技术法律规范。技术法律规范明确指出了具有法律效力的技术准则和标准，借助技术术语表达和总结技术研究成果和经验，并赋予其法律效力。生态法律将法律与技术联结起来，通过法律的强制机制迫使人们在开发自然资源、防治环境污染中重视技术的应用。这是一种技术强制，生态法律规定一系列技术要求，推动生态环境资源开发利用者进行技术革新，改善生产工艺，切实履行其保护生态系统的义务，从而达到保护生态系统、实现人与自然和谐的立法目的。

生态环境技术法律规范是生态技术规范的法定化，是有关持续利用自然资源、防治自然环境污染的技术性措施和要求的法律规范。随着生态环境技术不断发展进步，生态技术法律规范也在不断充实和完善，同时一些过时的技术法律规范也将被新的更先进的技术法律规范所代替。动态发展的技术法律规范是引导、控制各种保护生态系统活动的法律依据。

一、制定生态修复技术性规范应当遵循的指导思想

适时制定或更新技术法律规范不仅要遵循社会经济规律，更要遵循生态规律。

（一）制定生态技术法律规范要体现生态系统整体性思想

受生态规律制约，各种自然资源的开发利用和防治生态环境污染活动应符合生态系统整体功能最优的要求，制定的生态环境技术法律规范要能保障生态环境的综合性整体性开发。

（二）制定生态环境技术法律规范要体现生态系统的空间差异性思想

受生态规律支配，生态系统存在空间地理分布规律，各个自然区域的生态环境资源量、生态环境的环境容量、开发利用方向是有差异的，制定生态环境

① 田其云．海洋生态法体系研究[D]．青岛：中国海洋大学，2006.

技术法律规范应尽量体现这种空间差异性，将区划、规划等各种技术手段融入生态环境技术法律规范中，保障生态环境的区域性开发利用。

（三）制定生态环境技术法律规范要体现资源有限性和有偿使用思想

受生态规律支配，生态环境资源是有限的，资源开发利用不能逾越一定的限度。依据稀缺性原理，生态环境资源的有限性决定了其价值，将核算生态环境资源存量、流量及其财富价值的标准与技术规程上升为生态环境技术法律规范，确保资源定量、有偿使用。

二、生态环境技术法律规范体系的构成

（一）在生态法律中集中规定综合性的生态环境技术法律规范

受生态规律支配，生态环境开发利用具有整体性、综合性的特征，现行的生态法律制度强调了生态系统各个要素的开发和保护，缺乏对生态系统整体性和综合性的法律呵护。持续利用生态环境必然要求人们以综合的长远的观点开发利用资源、防治生态环境的环境污染，生态法律制度建设应从全局和长远利益出发，把生态环境资源开发利用和防治生态环境环境污染纳入持续发展战略。

第一，高度重视利用区划、规划等科学方法和技术对生态系统进行宏观管理的规定，系统规定生态环境功能区划、规划等操作规程，明确区划、规划成果的法律效力，完善参与区划、规划等各方主体的法律责任及保障区划、规划等实施的监督机制等。

第二，吸收生态环境研究部门和实践领域中成熟的综合开发利用生态环境资源、防治生态环境污染的技术成果，归纳、总结、上升为生态环境技术法律规范，用以杜绝资源开发中的短期行为和污染行为。

第三，吸收资源价值化研究的最新成果，特别是核算生态环境资源价值的技术方法和标准，确立资源有偿使用制度，制定核算资源价值的技术规范，杜绝资源无偿使用而导致的掠夺性开发利用行为。

第四，采纳生态环境预测研究科技成果，确立生态环境资源持续利用评价制度，规定评价技术规程，规范化地使用生态环境预测技术成果，对生态环境开发建设项目进行资源持续利用和防治生态环境环境污染评价，经评价后确立的持续利用生态环境资源和防治生态环境环境污染的各项技术设施必须与生产建设项目主体工程同时设计、同时施工、同时投产使用，切实规范生态环境开

发者持续利用资源、防治生态环境环境污染的行为。[①]

第五，建立生态环境信息系统，利用现代信息技术，统一收集、整理、更新、发布生态环境开发、利用、保护、生态环境生物品种及基因库、生态环境生物多样性等方面的信息，以保证信息的合法性和有效性，使生态环境信息系统发布的信息具有法律效力。

（二）在涉及各环节要素的法律法规中广泛规定各种具体的生态环境技术法律规范

考察环境保护的各种具体法律法规，不难发现，已有不少生态环境技术法律规范的规定，随着生态环境技术进步和生态法制建设的不断完善，生态环境技术法律规范也将不断丰富和完善。

1. 制定生态环境标准

在生态环境资源开发利用和防治生态环境环境污染的法制建设中有许多关于生态环境标准的规定，如海水水质标准、渔业水质标准、生态环境生物质量标准、生态环境沉积物质量标准、生态环境石油开发工业含油污水排放标准等。我国《生态环境标准化管理规定》对生态环境标准进行了分级和分类，随着生态法制建设的完善，一些生态环境标准还须具体化和完善。

2. 制定禁止性规范

在保护各环境要素的具体法律法规中有不少禁止性规范。比如，要求人们在一定时段一定海域不得从事或不得以某种方法或工具从事开发利用生态环境的行为，这是对生态环境的严格保护。再如，在禁猎期、禁猎区人们被禁止在一定时段一定区域从事猎捕野生动物的行为；禁止使用小于最小网目尺寸的捕捞工具防止人类对渔业资源的滥捕行为，保障生态环境渔业资源的再生产能力……这些禁止性规范有利于生态环境资源持续利用。在生态环境自然保护区内的核心区，禁止一切可能对保护区造成危害或不良影响的活动，这对保存生态系统原貌具有重要意义。在生态环境生态法制建设中，我们可以在生态环境资源持续利用、防治生态环境环境污染、保护特殊生态系统的方方面面完善禁止性规范。

3. 制定生产规范

生产规范是对持续利用生态环境资源的生产过程的法律规范，生态环境资源的各个领域都应该有规范化的生产过程，以保障资源高效优质利用。比如，海水养殖的生产规范，《中华人民共和国渔业法》规定，从事养殖生产应当科

① 田其云．海洋生态法体系研究[D]．青岛：中国海洋大学，2006.

学确定养殖密度，合理投饵、施肥、使用农药，并由县级以上人民政府渔业行政主管部门加强对养殖生产的技术指导和病害防治等。《中华人民共和国矿产资源法》对在我国领海及管辖的其他海域探矿、采矿等生产过程及工艺等也进行了规范。此外，尚须有渔业捕捞规范、生态环境再生能源开发规范、海底多金属锰结核开发规范、海水淡化规范、滩涂耐盐植物种植规范、港口建设规范、清洁生产及综合利用规范等。制定的这些生产规范虽不如生态环境标准规定得具体，不如禁止性规范要求明确，但它却具有普遍性，引导人们规范化地科学利用生态环境资源，其作用和意义不容置疑。

4. 制定监测规范

对生态环境变化进行规范化监测，对生态环境卫星、浮标、岸站等的运作及数据进行规范。这类规范对科学地获取生态环境信息至关重要，这些信息则是生态环境依法开发、利用、保护、管理的基础。常见的规定监测规范的法律文件包括生态环境生物质量监测技术规程，海水增养殖区监测技术规程，生态环境自然保护区监测技术规程，生态环境监测技术规程，生态环境站自动化观测通用技术要求，生态环境监测、调查、观测规定，生态环境有害物质监测技术导则等。针对各种具体的生态环境开发过程，各种监测规范尚须不断丰富完善。

5. 制定预测规范

生态环境资源勘探、开发、资源量变化、生态环境污染及其扩散等均能通过一定科学技术进行预测，这些预测均可能影响到生态环境开发的决策及后果。为保证预测的准确度和科学性，需要对各种生态环境的预测行为进行规范。

（三）在地方法规中规定地方性的生态环境技术法律规范

我国幅员辽阔，生态环境空间分布呈现出区域性的特征，生态环境开发必须遵循其空间分布规律，强调因地制宜地确定资源持续利用和防治生态环境环境污染方式，制定各具特色的地方性的生态环境技术法律规范。

第一，由生态环境法律法规根据生态环境的区域性开发利用特点授权地方人民政府制定地方性生态环境技术法律规范。

第二，仍须注意生态环境开发的综合性和整体性要求，各地的地方性生态环境技术法律规范应相互协调。

第三，生态环境空间分布与行政界线并非完全一致，某些类型的生态环境经常横跨几个行政区域，要求地区之间加强协作，交流经验，制定地方性生态环境技术法律规范时尽量保持统一性。

第四，对一些尚处于研究中或实践中的生态环境技术，需要地方人民政府根据实际情况，在条件成熟时可先制定地方性的生态环境技术法律规范，并加强地区之间协作与交流，经过一段时间的实践证明确实有利于生态系统保护的，把握时机将其写入相关生态法律法规中。制定、修改、完善生态法律法规并非一蹴而就，这就要求地方立法先行，根据实践需要，尽快制定地方性的生态环境技术法律规范，规范当地生态资源管理者、开发者的开发资源、防治污染的行为，切实依法保护生态系统。

三、制定生态修复技术规范应当强调过程引导机制

对于一些独特、敏感、脆弱且极具生态价值的区域，可以采用建立自然保护区的方式进行生态修复，属于目标导向型，修复目标是“修复原状”，即修复到受损前的生态指针状态，修复生态系统原貌。但是，于港口、海岸带、渔场等海域属于需要边开发、边养护、边修复的区域，并非必须采用建立自然保护区的修复方式，其修复目标也不强调达到“修复原状”的目标，而是需要将短期的修复与长远的自然回归有机地结合起来，强调生态修复的过程，将生态原则与人类社会系统融合，既要关照自然生态的修复，也要关照人类因生态资源利用而产生的各种经济利益关系，关照人类社会生态的修复，最终目的不是要交还一个完好无损的未受任何人类影响的自然生态环境，而是要呈现出人类与自然在生态修复过程中良性互动的关系。自然生态的修复能保障人类以科学的态度、合理的开发技术手段持续地利用自然生态资源，持续发展。

以过程为导向的生态修复可以避开或者解决目标导向型修复面临的难题，即①“修复原状”所指的“原状”是什么样的状态？事过境迁之后，谁能够证明得出的是海洋生态系统的“原状”？况且我们根本没法确定所谓的“原状”是什么时期的“原状”，一百年前？还是工业化之前？还是人类出现以前？这其实是个根本无解的探寻。②“原状”有没有参照标准？我们应该选取哪些生态特征或者生态指针比对修复系统与参照系统？选取的比对指标不同将会影响生态修复是否达到预期目标、是否具有效果的结论。人类出现之后，自然生态与人类的互动和互相影响是不可避免的客观现实，我们不可能也没有办法割裂这种天然的、必然的联系去谈生态保护。所有的生态保护包括生态修复活动在内，都必须考虑人的影响和需求因素。在大多数既要开发又要修复的区域，生态修复的技术引导机制设计必须选取过程导向修复模式才能避免目标导向模式带来的制度设计的这些难题。

顾名思义，过程导向修复模式注重修复过程，在修复过程中要逐步体现生态指标的好转也要兼顾人们的生态利用利益，总体方向是修复目前严重恶化的

生态，使之向好的方向发展，自然回归，长远上实现人与自然关系的和谐。但是，在具体过程中可以灵活处理，可以分为多个修复周期，设定阶段性的修复目标。每个阶段的目标不同，修复工作重点也不同，运用的修复技术也不同。比如，可以考虑采用“轮修”的方法，将整个修复周期分割成若干时期，不同的时期设定不同的修复目标和重点，或者将大的目标区域分成若干小的区域，每个小区域设定不同的修复周期和修复目标。三年、五年、十年……轮流限制开发、禁止开发……做到在修复中开发，在开发中修复。修复技术手段也可以灵活处理，比如，秦皇岛市对文昌鱼的主要保护措施是，一边限制资源开发活动，控制捕捞量，延长休渔期，禁止小眼渔网捕捞，另一边积极投放鱼虾蟹幼种。南海南澳岛的珊瑚礁修复措施是将大的修复海域分成若干小海域，逐个建设人工礁体，种植珊瑚礁幼虫。

四、生态修复技术的政策支撑

（一）政策引导生态友好型的生态资源开发利用技术的运用

国家通过税收减免、低息贷款、财政补贴、奖励等政策激励自然资源开发者修复生态系统的行为。比如，为了给某种衰减鱼类以休养、修复的机会，或者保护某种重要生态价值的渔业资源，国家在限制捕捞量的同时，可以给予渔民收入损失的补贴，鼓励他们更换捕捞鱼种。国家通过政策鼓励运用减少海水污染的养殖技术，开展清洁养殖、集约化养殖、多元立体化养殖、循环利用资源的养殖。国家对退耕还林、退耕还草保护森林草原生态系统的行为给予生态补偿支持；加强生物工程高新技术研究，积极培育养殖新品种；推广混养、间养、套养、轮养等高效生态养殖新技术；国家通过补贴鼓励从事游牧业的牧民改以围栏养殖。上述各种国家政策一是限制从自然界过量获取行为，减少野生资源的捕获量，二是鼓励充分开展人工养殖，三是鼓励反哺自然的行为。这种限制索取、鼓励投入的目的是控制生态系统生物资源的数量和结构，优化无机环境，最终实现生态系统修复。

（二）政策支持生态修复技术的实施

国家以减免税收、低息贷款等政策鼓励开发者在一些工程建设中应用生态修复技术。比如，2017 年以来，科研工作者在南海近海岸海域珊瑚礁生态环境破坏严重的地方进行珊瑚礁生态修复工程。在较深海底通过技术手段搭建了大量的不锈钢支架作为珊瑚“栖息树”，在较浅海域支起了“栖息网”，将收集起来的残存的珊瑚枝节种植在这些“树”和“网”上，期望在保护技术和环境下，它们能够“开枝散叶”，最终修复到原来的珊瑚礁生态系统。技术人员在南澳岛海域试验性地投入水泥人工珊瑚礁，也是希望达到保护和修复珊瑚礁生态系统的目的。这些技术应用的最终结果都是营造适合海洋生物生存的栖息环境，使受到人类活动强烈影响的海洋生态系统得到很大修复。

（三）政策支持金融机制创新以带动生态修复技术创新

创新生态修复投融资机制。引导民间资金、金融机构资金投入生态修复技术研发、实施的各个领域，培养“蓝色金融”“绿色金融”“生态金融”创新机制，以金融机制创新引导和支持研究生态修复技术的高新企业的创立和发展；让金融机制创新成为生态修复技术研究的助推剂，推动生态修复技术的进步。

五、培育生态修复技术市场

在市场经济下，每一个从事生态修复的人都会关心自己在该项活动中的投入产出比。投入是指运用于修复活动的人力、财力、技术；产出是指生态修复的实际效果。显然，廉价、便捷、高效的修复技术为每个修复主体所亟须。这样的技术需求必然促使生态修复技术市场的形成和发展。为保障此类市场的形成与健康发展，需要通过法制建设完善该市场交易规则和管理体系等方面。

确立从事生态修复技术研究和开发的专业机构或专业公司的市场主体地位，明确其提供生态修复技术服务的内容，及其在提供技术服务中的权利、义务、责任，规定生态修复技术交易规则，将生态修复技术推向成熟、稳定的市场，离不开公平有序的竞争规则，离不开相应的法律监督系统。在宏观法律环境中，对生态修复技术合同进行法律规定，用法律形式规定技术开发、技术转让、技术咨询、技术服务、技术培训、技术中介、技术承包、技术入股的原则、内容、功能。对生态修复技术市场进行法律规定，加强对市场经纪、信托、咨询及市场调查和资产评估等中介服务内容的规范，以维护生态修复技术的市场秩序。

第三节　司法保障机制

一、生态修复的司法保障的指导思想及司法实践现状

生态修复工作的开展应当突出责任导向性，以促使生态资源的开发利用者、污染破坏者承担生态修复责任。而生态修复责任的最终承担是要依靠司法

确定的。对于事关生态环境保护类案件司法来说，其指导思想应当是将修复性司法理念贯穿于环境民事、环境行政和环境刑事司法整个过程。为贯彻修复性司法的指导思想，在环境审判制度上应当做相应的调整，突破传统的民事、刑事、行政和执行的严格区分，实现三审合一，旨在为生态环境损害提供高效、全面、及时的救济。

（一）修复性司法指导思想在生态刑事司法中适用

修复性司法理念旨在依法打击生态环境犯罪行为，让环境侵害人与受害人自愿达成协议，以补种、支付修复赔偿金等方式修复受损生态环境，化解人与人之间的对抗，缓解人与自然之间的紧张关系。在环境刑事案件中，可以在刑事责任承担中责令被告承担生态修复的责任，且履行生态环境修复责任是最终量刑的重要参考。比如，2018 年 3 月，江苏省人民检察院指定灌南县人民检察院管辖，通过审查认为，被告单位荣成伟伯渔业有限公司和被告人何延青、王文波等 18 人违反保护水产资源法规，在禁渔期、禁渔区使用禁用工具非法捕捞水产品，情节严重，其行为触犯了《中华人民共和国刑法》第三百四十条、第二十五条的规定，应当以非法捕捞水产品罪追究其刑事责任。同时，上述行为严重破坏了海洋生态环境，根据《中华人民共和国刑事诉讼法》第九十九条第二款、《中华人民共和国民事诉讼法》第五十五条第二款和《最高人民法院、最高人民检察院关于检察公益诉讼案件适用法律若干问题的解释》第二十条的规定，决定提起刑事附带民事公益诉讼，请求判令 46 名被告及荣成伟伯渔业有限公司等单位通过增殖放流、劳役代偿、建立海洋牧场等方式，修复受损害的海洋生态环境，或赔偿生态环境修复费用 1.3 亿余元及损害调查、评估费用，在媒体公开赔礼道歉。

中级人民法院积极践行生态环境修复性司法机制，在审理破坏环境资源刑事案件中，探索环境修复的司法机制。对于被告人具有悔罪表现，积极进行补植复绿或者由他人代为补植复绿并缴纳保证金的，在量刑时予以酌情从轻处罚。对于符合缓刑适用条件的，依法适用缓刑，并综合被告人的犯罪情节、补植复绿情况等因素确定适当的缓刑考验期限。修复性司法具有修复性的特征，即通过一系列的司法活动，使之尽可能修复到犯罪前的社会秩序和个人状态，修复国家、社会、社区及个人的人身、财产、精神和关系[①]。由犯罪人补偿被害人因其犯罪行为所遭受的损失和由犯罪人提供社区义务劳动被认为具有潜在的修复性功能。这与环境刑事违法的特质相契合，为环境犯罪中运用修复性司

① 邹积超．论“恢复性司法”应该缓行[J]. 华东政法学院学报，2004(6):39.

法理念修复被破坏的生态环境，提供了理论上的可能性和实践中的必要性。而生态犯罪必定会涉及修复责任。适时运用修复性司法的价值理念和审判模式处理生态刑事案件，能够更好地体现刑法上的谦抑原则。即修复性司法理念既符合当代刑法的谦抑原则，又满足了现代生态文明建设的要求。故修复性司法理念及其制度设计对于以修复人与人、人与自然之间的利益与和谐的平衡为目的的生态犯罪的惩治具有重要的借鉴意义。

（二）修复性司法指导思想在生态民事司法中适用

修复性司法理念在环境民事案件中体现为强调环境修复目的的实现。而当前我国的环境损害识别与评估技术仍存在诸多不足，如责成加害人在一定合理期限内主动承担生态环境修复责任，即可以绕开对修复费用是否合理等问题。在公益诉讼案件中，应尽可能采取措施对环境进行修复，首先应在裁决中或裁决执行中明确被告不履行时由第三方代履行修复责任，其次采取简单的经济效益评价方式以赔偿代替修复的做法是不可取的，也是和修复性司法理念背道而驰的，最后必要将修复原状转化为环境修复的可行方式。

比如，2019 年 10 月 24 日，南京中级人民法院环境资源审判庭判决了利用“绝户网”捕捞长江鳗鱼苗案。经过与渔业专家的反复沟通、论证，结合非法捕捞工具、捕捞地点、捕捞季节、捕捞强度及修复的难易程度等特点，最终确定除要求本案被告承担鳗鱼资源的损失外，还需让他们按照鳗鱼资源损失的 1.5 倍至 3 倍，对已造成的长江其他生态资源损害进行赔偿，以修复生态损害。

二、我国生态环境修复司法保障机制中存在的问题

（一）生态损害责任因果关系复杂使认定较为困难

为了弥补绝大多数环境侵权案件中的受害人及社会组织举证能力不足的缺陷，除了人民法院应依法适用侵权责任法关于举证责任的相关规定，环境民事公益诉讼解释重申了人民法院依职权调查收集证据、委托鉴定，还落实了公民知情权及明确了支持起诉制度。《中华人民共和国环境保护法》分别于第五十三条第一款和第五十五条规定了公民有获取环境信息的权利，以及重点排污单位应承担的环境信息公开义务。这为环境侵权行为的受害人行使知情权提供了实体法依据。据此，环境民事公益诉讼解释第十三条对环境民事公益诉讼的被告拒不提供重要环境信息的法律责任予以细化。《环境民事公益诉讼司法解释》对民事诉讼法支持起诉的规定就支持主体及支持手段予以明确。尽管我国的环保法及司法解释在证明领域已经向受害方做出了很大倾斜，但污染行为实施与否、生态环境损害与否、实际造成损害及损害程度等基础事实的证明仍

须受害方提供证据，否则将承受败诉的结果，而这些事实的调查取证及技术论证在很多情况下仍非常困难，而这直接影响案件因果关系的认定。[①]

（二）生态修复责任的适用范围狭窄

生态修复的责任适用的最终目的是“恢复原状”。修复原状的前提条件权利人对于权利客体的原来状态清楚有据可查。但是，鉴于各种客观条件的限制，环境质量具有隐蔽性，需要借助专业的手段进行监测评估。生态环境损害发生之前的状态和功能也即“原状”的认定较为困难。法院就该项诉请审查时也就必然会涉及生态环境损害之前状态的确定、其损害程度的确定、其是否具有可修复性、侵权人的实际修复能力等问题。

然而，在司法实践中，法院通常依据鉴定结论，结合当地的特殊性，最终推定生态环境的基线标准。如此，判决最终采纳的基线标准往往偏低，则最终的案件审理结果就极可能不能实现修复受损生态环境的初衷，还会有损司法公信力。[②]

（三）生态修复的责任主体划分不明确

根据目前的法律规定和司法实践，承担修复责任的主要是政府、企业和个人。政府的环境责任主要体现在命令型的行政强制管理责任。企业主要承担的是其生产经营中造成生态环境受损的治理和修复责任。个人的环境责任主要针对个人在日常生活中对生态环境的污染和破坏行为。绝大部分公众对于环境损害不敏感，且普遍认为生态环境修复应该归国家。迫于企业与个人消极担责的现状，政府作为管理者，便成为所有生态环境破坏和污染行为最后的修复责任方，主要的修复责任承担者。就政府自身而言，其拥有雄厚的资金和公权力作为环境修复实施的保障，但政府的能力毕竟有限。而且政府承担生态环境修复责任违背了“谁污染谁治理，谁开发谁保护”的环境保护法原则。企业、个人这两类环境污染的主要造成者不仅没有对自己污染和破坏环境的行为负责，反而逃避了自己责任的承担，缺乏公平性与合理性。而企业作为主要的排污者本应承担起生态环境修复责任，但在实践中企业担责明显过轻。因此，其承担环境责任的风险和违法成本就大大降低了。

（四）生态修复责任的落实依据欠缺科学性、确定性

生态环境修复责任的落实，关键在于生态环境修复方案的制订及后续落实。而生态环境修复方案的制订前提是生态环境损害评估鉴定。目前司法实务

---

① 吕忠梅．环境司法理性小能比于“天价”赔偿：泰州环境公益诉讼案评析[J]．中国法学，2016(3):251．

② 何嘉男．中国生态修复法律制度研究[D]．西北农林科技大学，2018．

中，生态环境修复方案的制订主体主要为第三方专业评估鉴定机构和环境资源专家。这两类主体制订的修复方案都存在一定的问题或局限。

以环境污染事故为例，分析污染事故原因、确定环境损失、制订修复方案是第三方专业评估鉴定机构的主要工作内容。司法实践中，出于生态环境修复的专业性考虑，生态修复方案和费用的判定也多以鉴定评估机构出具的鉴定评估报告为依据。而在环境资源案件审理过程中，第三方机构出具的鉴定评估报告普遍存在以下几个方面的问题：对事故发生原因的分析有待增强；强调确定损失而忽视对受损害环境修复方案的拟订；确定损失理由不够充分，缺乏说服力；修复方案的理论依据不足。此外，专业机构根据特定技术规范制订生态环境修复方案，细化为修复方案中的技术指标和污染物容量值的修复目标能在多大程度上反映法律规范中的修复要求尚有待进一步讨论。

生态环境修复方案由技术专家完成的做法毋庸置疑，能够有效地保障方案的科学性和实效性。修复方案的科学性及公正性是以方案制订者为独立公正的、可以全面代表不同的利益主体、不同的环境利益的第三方机构为逻辑前提的。需要注意的是技术专家是受了委托在工作，与其委托人是一个利益共同体。故其中立性是存疑的，其制订的生态环境修复方案有待进一步分析论证。另外，技术目标的确定不可避免地受到一些利益相关方的影响。由于专业领域和知识能力存在局限性，即使是完全中立的专家也不能完全保证环境修复目标的公正性、科学性和可行性。

（五）生态修复责任执行中的费用保障不健全

在司法实践中，生态环境修复义务的判定，以支付生态环境修复费用为主。这是由于实践中原告的诉讼请求多集中于生态环境修复费用，包括委托具有专业资质的第三方机构代为修复的费用，以及实质用于生态环境修复的环境治理费用、生态损害赔偿费用等。而且法院通常会将多数污染无法被修复或被告修复成本过高等情况加以考量。针对这种情形，就有学者强调修复生态环境损害的费用并非损害赔偿，其旨在修复受损的生态环境，而并非此损害不可修复而转化为金钱赔偿。[①] 由于现行法律并未对环境公益诉讼所涉及的生态环境修复费用等资金归集、使用和监督提供相关规定，在全国法院探索生态环境修复费用处理的过程中，不同地方在司法实践中没有统一的标准和规范。故司法实践中存在费用归属争议、生态环境修复资金难以保障、司法裁决的生态环境

① 吕忠梅．“生态环境损害赔偿”的法律辨析[J]．法学论坛，2017(3):12.

修复资金的运行有待进一步规范等问题。

1. 费用归属存在争议

以环境民事公益诉讼为例，环境民事公益诉讼的原告方多为环境公益组织，原告方提起的公益诉讼并不是以其自身利益受损为前提，那么法院判决公益诉讼被告承担的生态环境修复费用等款项就不能交给原告方。司法实践中，生态环境修复费用归属不一。有法院判令将该部分资金直接上交财政专户，这种做法并无法律依据，且要将该部分资金提出用于修复生态环境比较困难。从目前了解的情况来看，甚至省级人民政府提起生态损害赔偿案件的赔偿款纳入财政管理的适用方面也存在类似的问题。涉及跨区域管辖的案件，赔偿款的管理使用更是存在问题，如此便不能完全实现环境公益诉讼之目的。有法院判令将环境治理费用汇入原、被告及当地环保局共同设立的共管账户，由原告和该环保局负责监督使用。还有法院判令将生态环境治理费直接汇入环境公益诉讼专项资金账户。

2. 司法裁决的生态环境修复资金无法到位

由于生态环境修复费用极其高昂，司法实践中，存在生态环境修复资金不足的情形。针对该问题，全国部分法院在司法实务中进行了相关探索，但该问题仍未得以妥善的解决。为了应对环境公益诉讼中调查取证、鉴定、诉讼成本及环境修复资金不足的问题，昆明市政府在 2010 年设立了环境公益诉讼救济专项资金。自该专项资金启动并运作以来，在环境损害修复方面发挥了巨大作用。但由于资金筹措来源单一，既缺乏财政支持，也缺乏有关部门或社会各界人士的捐助支持，随着资金的逐笔适用，后续资金来源不足。无锡市中级人民法院早在 2012 年就联合财政部门制定了《无锡市环保公益金管理暂行办法》，并设立了环保公益金专户，将生态修复金、环境捐赠等资金统一管理，专款专用，但从实施效果来看并不理想。究其原因是审批烦琐，支取困难，且该专户将来可能因为财政监管的新要求被撤销。漳州市及各县（市、区）相继设立生态环境损害修复资金，其来源于财政预算资金、生态刑事案件罚金回拨、涉生态环境修复补偿金及社会捐助等渠道，专款专用于环境修复、生态修复和保护及支持环境公益诉讼等，以促进生态环境损害补偿机制的建立、完善、运行。

3. 资金运行有待进一步规范

为解决环境公益诉讼的利益归属及确保相关赔偿款用于生态环境修复，全国部分法院相继设立了生态环境修复资金，但仍存在资金性质、来源、用途、管理方式及申请程序、审核使用、审计监督尚未明确等问题。由于现行法律尚未规定生态环境修复费用的性质和使用方式，全国各地试点存在较大差异。例如，贵州省清镇市人民法院早期尝试将公益诉讼的生态环境修复专项基金等款项放入公益组织，用于贵州地区的生态环境保护；山东省东营市中级人民法院环境资源审判庭联系财务科室多方协调，申请与财政局的专项账户无缝对接，终于设立了专项资金账户，用于接收环境公益诉讼案件中的生态修复费用和其他环保公益款项；洛阳市中级人民法院目前正在尝试与环境资源保护行政执法机关、政府财政部门协商设立环境公益诉讼专项基金，确定环境损害赔偿金的交付使用方式。然而，全国部分法院仍处于推动设立环保公益金的阶段。

（六）修复性司法不能有效开展

当前，全国法院修复性司法的开展还处于探索阶段，主要适用于部分环境资源涉林、涉土地类刑事犯罪。在涉林刑事案件中率先引入补植复绿的修复性司法机制，在严惩犯罪的同时，引导犯罪嫌疑人、被告人积极修复因其犯罪行为受损的生态环境。司法实践中，法院在审理破坏环境资源刑事案件中，探索环境修复的司法机制，将积极履行生态修复义务作为刑事量刑酌定从轻情节。昆明市中级人民法院将刑事被告人具有补植树木、投放鱼苗等生态修复的行为，作为对被告人量刑的主要情节考量。

但是，环境污染和破坏生态环境的行为具有多样性，污染后果的确定、修复措施的制定、修复效果的评估具有专业性，需要多部门联动、各责任主体齐抓共管。尤其是在诉讼前和审理中这个开展环境修复的黄金阶段，人民法院囿于“不诉不理”的被动性司法特征及对环境专业知识的掌握程度，在开展修复性司法过程中亟须各单位、各部门的大力支持和配合，从前期工作的开展情况来看，这种支持和配合的程度尚不能有效支持修复性司法的开展，部分单位和部门对修复性司法的理解还存在偏差。司法实务中，针对检察机关提起的环境公益诉讼未要求被告修复环境的情况，承办法官通常会结合实地勘察情况及当地环保部门的意见，与检察机关进行及时沟通，建议其增加要求被告修复环境的诉讼请求。尽管这种做法在某种程度上缓解了案件判决之后环境污染状态仍持续存在的态势。但是，受制于司法管辖权和法院的角色，法院的审理范围限于当事人请求的修复事项，故难以考虑受损害环境的全面修复。①

三、我国生态修复司法保障机制的完善路径

（一）通过生态修复立法完善促进相应的司法保障机制的完善

立法和司法作为法律运行的两个阶段、两个方面，其实并不能截然分开，很多时候司法实践中存在的问题是需要通过立法完善加以解决的。生态环境修

① 李挚萍．环境修复目标的法律分析［J］．法学杂志，2016(3):5.

复作为环境公益救济的主要责任承担方式，应当在专门的环境保护立法中予以明晰化规定，以解决当前环境修复责任法律依据不足的困境。在环境保护基本法和相关单行法中对其进行系统规定，明晰界定国家与污染者的生态环境修复责任边界，通过立法明确规定生态环境修复的路径和程序及相应的监督程序，由法定监督机构和司法机构共同监督生态环境修复案件的履行。相关部门有必要在现行环境管理制度的基础上增加生态环境修复的内容，[①] 并在立法中明晰以下方面的问题。

1. 明确生态环境修复主体的责任划分

首先，需要明确相关义务。法律将生态环境修复规定为政府及环境污染和破坏方的一项法律义务。企业活动造成生态环境破坏时，按照污染者负担的原则，企业有义务承担修复环境的责任。当特定地区的环境质量恶化，人体健康和财产受到威胁或危及时，负责环境质量的政府有义务组织环境修复和改善环境质量。当然，这两者之间有责任分工。企业对其个人行为的后果负责，政府有责任承担个人责任的丧失或主体责任的丧失。这是由于生态环境损失要全社会承担，因此，政府必须代表大众采取行动，修复损害。识别、衡量构成生态环境的自然资源的损害，评估损失资源和其服务的价值，确定必须采取的措施修复受损的生态环境。为公众参与创造条件，确保政府在代表公众作为时了解公众的利益和关切。

其次，明确多个问责主体的制度。鉴于生态环境修复项目一般比较复杂、周期长、投资资金巨大，实行单一的法律责任主体体系是不可行的。要明确多个问责主体的制度，即扩大生态环境修复主体责任的范围，从而迅速确定责任主体，确保资金到位，有效修复污染。立法应将以往污染场地的责任方纳入生态环境修复责任主体范围，即可以借鉴美国超级基金法，规定逆向责任追究制度和连带责任制度。责任追究制度由负责污染场地负责人的最富有人员负责整理和修复被遗弃的场所，然后向其他责任方主张。

最后，扩大环境保护令适用的范围。相关部门可以借鉴澳大利亚的环境连带责任制度，扩大环境保护令适用的范围，将依法应当采取措施的相关方自然人或者公司纳入生态环境修复的责任主体的范围，要求其实施或者停止实施某个行为，阻止重大生态环境损害，并采取补救措施。公司仅承担有限责任将极大影响环境保护令的有效性。通过立法明确相关方和相关联的内涵和范围，应对相关方和相关联的范围作详尽的规定。例如，连带责任的相关方包括公司控

① 李挚萍．环境修复的司法裁量 [J]. 中国地质大学学报 (社会科学版),2014(4):26-27.

制人和土地所有权人。相关联包括：公司重大经济利益人或者从执行该行动中获取重大经济利益人；在过去两年对公司有关遵守环境保护的行为具有影响的作用人。通过公司治理有效降低外化的环境风险及成本，确保企业诚实履行环境保护义务。环境保护令明确的合理要求包括：要求相关方在一定期限内不实施或者不停止实施限定行为，直到新的指令解除限制；要求相关方仅在指定期限实施限定行为。故意违反环境保护令的将面临 5 年的监禁。在环境保护令中需要载明相关的评估和报告、实施该行为最佳的环境管理实践、经费及公共利益的说明、预防原则及生态环境的修复力。此时，应处理环境民事公益诉讼与行政监督管理机关通过行政命令修复受损的生态环境之间的衔接问题，避免两者之间的冲突[①]。

2. 采用因果关系的推定规则

首先，《环境保护法》第六十四条仍采用侵权责任法对环境侵权责任构成要件二分式的处理，即生态环境污染适用特殊侵权责任构成条件，生态环境破坏适用一般侵权责任构成条件，这实质上严重阻碍了对生态环境破坏受害者的救济。[②]也就是说，生态环境破坏的受害者有义务证明损害与加害行为之间的因果关系。如果不能充分证明两者之间的因果关系，生态环境破坏的受害者就只能承担败诉的结果。这无疑会增加生态环境破坏的受害者的举证难度。而较之环境污染责任，生态环境破坏责任就显得更为复杂，故生态环境破坏的受害者很难获得应有的权利救济。

其次，环境污染侵权责任适用举证责任倒置。举证责任倒置规则是对证明责任在当事人间的分配，而因果关系推定规则是通过证明责任的分配而实现的因果关系判断方法。较之因果关系推定规则，举证责任倒置过于狭窄，对被告人的要求极为苛刻。相反，推定规则下，对原告提供的证据的程度，只需要达到一定程度的盖然性；被告需要证明它提供了更高程度的证据。这样既减轻了原告的举证负担，又有利于保护受害人，避免了被告人承担全部举证责任。与举证责任倒置规则相比，推定规则能更好地实现诉讼中原告与被告之间的平衡。

环境侵权的因果证明不是纯技术性的事实。在判决过程中，法官需要运用适当的证明规则综合考虑各种证据，最终形成内在的信念。然而，在目前的司法实践中，法官在许多情况下局限于缺乏专业能力，因果关系的判断在很大程度上取决于技术鉴定意见，这可能导致裁判结果的错误。因此，在环境侵权诉

① 罗丽．我国环境公益诉讼制度的建构问题与解决对策 [J]. 中国法学 ,2017(3):257-258.

② 王利民，李星．环境侵权责任的构成：解读新《环境保护法》第六十四条 [J]. 辽宁大学学报（哲学社会科学版）,2014(6):26.

讼中，可以明确因果关系的推定规则及将生态破坏责任纳入特殊侵权责任构成的范畴，即可以规定为："在环境污染和破坏生态情形下，推定侵权行为与损害之间存在因果关系。污染者能够证明不存在因果关系的，不承担损害赔偿责任。"从而实现环境侵权责任构成条件的内在统一。

3. 革新环境责任追究机制

环境整治既是一项管理制度，也是一项法律责任。在一些西方国家，如美国和欧盟国家，由于环境补救行为可能会持续很长一段时间，而且环境成本也很大，因此判令环境修复或进行环境修复的费用是最严格的法律责任之一。作为一种追究法律责任的方法，国家通常执行修复令，由政府机构或法院作出，责任人必须遵守规定。责任人不履行职责时，有权作出委托的组织可以委托其他组织代为履行责任，但费用仍由责任人承担。为了顺应生态环境修复的要求，我国的法律责任制度应当进行如下改革。①

（1）扩大损害赔偿的范围

将法律救济的范围从传统的损失扩大到生态损害，在确定损害赔偿范围的同时，放弃只考虑直接和短期经济损失和人身损害的做法，在环境修复过程中暂时丧失环境资源和环境服务的价值（暂时损失）、评估费用和环境补救费用列入损失清单，具体规定如何确定临时损失和环境补救费用。

（2）规定收回费用回收机制

政府或者其他单位和个人履行了对企业环境修复的责任后，有权收回责任人的修理费用。该笔费用应当包括环境补救的成本和费用。

（3）延长时效

责任人承担法律责任的期限延长，且在一定范围内可以追溯到过去，因为环境污染损害往往是累积的结果。如果长期形成的环境污染损害被简单地归类为历史遗留下来的问题，留给子孙后代或政府，这将纵容违法行为。有条件地追溯过去可以产生明显的威慑作用。

（4）建立环境修复的社会责任机制

环境修复具有一定的社会性。它要求环境责任社会化机制，如环境保险制度和环境基金制度，以分担环境修复的责任。

（二）建立科学的生态修复评估机制

1. 制订科学的修复目标及合理的修复方案

第一，生态修复要有规划的总体目标，然后对总体目标进行明确、具体的

① 吕忠梅."生态环境损害赔偿"的法律辨析[J].法学论坛,2017(3):12.

分类、分阶段设计。相关部门应当根据修复的实际情况，分成生境、生物、典型生态系统等内容，设定不同类别的总体修复目标，之后再对不同类别的总体修复目标分阶段、具体化，使目标更具可达成性。比如，根据国务院《湿地保护修复制度方案》（2016）规定，由国家林业局、国土资源部、国家发展改革委、环境保护部、水利部、农业部、国家海洋局参与的全国湿地修复工作应当首先确定全国和各省（区、市）湿地面积管控总目标，在总目标之下，确定生态红线保护的湿地范围和面积，明确湿地名录，并落实到具体湿地地块。经批准转化用途的湿地也要“先补后占、占补平衡”。另外，根据我国海洋保护法，海洋保护实行功能区划制度，某一海域修复目标的确定必须要考虑该海域未来规划的用途，尤其是其规划用途与人体健康密切相关的海域。①

第二，根据修复目标设计修复方案，并且方案要体现修复目标。方案中应当安排内容、方法、投资估算、效益分析等。

第三，根据修复方案制定详细的修复措施目录，修复措施也要针对不同种类的修复目标进行归类。修复责任者要聘请或者由国家机关指定、委托专业的修复机构对修复措施进行评估、认定，消减措施之间的负面影响。比如，过度捕捞造成的海洋生态损害不仅仅是投放某种鱼苗那么简单，既要考虑生物之间的链条关系，也要考虑人工投放和自然洄游繁殖的差异化；污染型的修复不但要清除污染物，还要对受影响的生物进行修复，对受到损失的人们的利益关系进行修复补偿。另外，相关部门应当实施资讯公开，推进生态修复资讯共用制度，同时邀请专家和社会公众参与讨论修复方案中涉及公共利益的重大事项。

第四，制订生态修复目标及修复方案应当融入公众参与。生态修复是一项以经济利益为目标转向以生态保护为目标的自然资源重新分配过程，也是利益再分配过程。其作为一项法律制度，必须体现法律制度所要求的利益分配中的公平和正义。民众对生态环境的感受最为直接，知道他们需要什么样的生态环境，最清楚生态修复应该达到的目标，因此制定生态修复目标时应当有公众参与的要求，应当根据法律规定，由生态修复责任者发布修复资讯，由国家机关负责组织公众参与全过程，责成修复者将公众意见纳入修复目标中。目标设计要遵循环境品质标准要求，综合考虑生态修复区域的未来规划用途，研究修复成本和技术要求，重视相关公众的利益诉求，以达到修复自然生态、修复人与自然关系和人与社会关系的目的。

---

① 何嘉男．中国生态修复法律制度研究[D]．杨凌：西北农林科技大学，2018.

2. 生态损害价值计算原则和方法

根据《最高人民法院关于审理环境侵权责任纠纷案件适用法律若干问题的解释解释》（2015）和《最高人民法院关于审理生态环境损害赔偿案件的若干规定（试行）》（2019），在生态损害案件中，人民法院判决责任者承担生态修复责任或者缴纳生态修复费用。后者包括制订、实施修复方案的费用，修复期间的监测、监管费用，以及修复完成后的验收费用、修复效果后评估费用等。生态损害至修复完成期间的功能损害费用由人民法院酌情判定；如果生态功能彻底永久性损害无法修复的，赔偿金额由人民法院根据实际情况判决。无论是人民法院判决责任者承担的生态损害赔偿费用，还是由行政机关责令责任者承担的修复处罚金费用，抑或是国家或者其他组织机构承担的修复资金均来源于生态损害价值的计算。

（1）生态损害价值计算的原则

生态损害价值采用基于生态修复之时的费用进行计算，即将生态系统恢复到基线水平所需的费用作为首要和首选的生态损害价值计算的方法；同时，还应包括海洋生态损害发生至恢复到基线水平的时间内（即恢复期）的损失费用。对于无法修复的情形，则通过替代工程的费用来计复生态损害的价值损失。

（2）生态损害价值计算的内容和方法

根据《生态损害评估技术指南（试行）》（2013），生态损害的价值计算内容应当包括：

①清除污染和减轻损害的费用。清除污染和减轻损害的预防措施所产生的费用，主要包括应急处理费用和污染清理费用。应急处理费用主要包括应急监测费用、检测费用、应急处理设备和物品使用费、应急人员费等；污染清理费用包括污染清理设备的使用费、污染清理物资的费用、污染清理人员费、污染物的运输与处理费用等；清除污染和减轻损害的费用根据国家和地方有关标准或实际发生的费用进行计算。

②环境容量的损失价值计算。环境容量损失价值的计算，可以采用当地政府公布的水污染物排放指标有偿使用的计费标准或排污交易市场交易价格计算。

③生物资源的恢复期损失价值量计算。

④修复费用计算。生态修复的费用，由替代工程建设所需的土地（海域）购置费用和工程建设其他费用等组成，采用概算定额法或类比工程预算法编制。

⑤其他费用计算。未开展生态损害评估而支出的监测、试验、评估等相关合理费用，根据国家和地方有关监测、评估服务收费标准或实际发生的费用进行计算。

3. 推动生态环境损害司法鉴定的发展

生态环境损害司法鉴定是运用专业技术和技能，科学判断生态环境损害行为与损害后果间的因果关系、损害程度、损害范围、损失数额等，为生态环境损害侵权纠纷的解决提供关键性技术支撑，以保障环境审判公正权威。[①]目前，我国生态环境和资源等损害鉴定存在专业鉴定机构数量少、技术规范缺失和相互冲突及鉴定费用高、周期长等问题，成为制约公益诉讼审判工作开展的瓶颈。在环境司法实践中，由于我国环境损害鉴定的正规化、体系化程度还不高，因此，难以适应解决环境损害侵权纠纷的实际需求。为了完善生态环境资源保护的司法保障机制，首先要加快推进生态环境损害鉴定评估专业机构的建设，并依法做好机构登记、人员审核，建立健全合理的退出机制，其次在此基础上制定规范的鉴定评估程序和鉴定评估标准体系。此外，还应注重保障生态环境损害司法鉴定机构的中立第三方地位，推动科学、公平、中立的生态环境鉴定体系的建立，以满足环境诉讼的现实需要。法官应当在专家技术判断的基础上，综合考量各种因素，客观看待鉴定结论，进而做出公平公正的裁决。

4. 完善专家证人制度

党的十九大报告提出要完善司法配套机制。专家证人制度的完善是环境资源司法配套机制改革的重要内容。在继续推动环境司法鉴定制度完善的同时，也要看到专家证人在环境资源案件审理中的重要作用。相关部门可以借鉴昆士兰州规划环境法院的专家证人管理制度，建立完善有利于专家在诉讼中保持客观立场的程序机制，推动构建科学、公平、中立的生态环境鉴定体系。双方聘请的专家证人不仅出现在庭审中证明涉及案件事实的专业问题，而且在开庭前参加调解及专家联合会议，为纠纷解决提供专业的建议和方案。因此，应当给予专家恰当的尊重，设立相应的程序保护其做证，促使其发挥专业的功能和作用。此外，法官应当警惕出现技术霸权，客观审慎地对待专家的结论和方案，更加关注专家在庭审时提出的观点，提出该观点的理由或原因，以及解决方案的现实性。

（三）将修复性司法理念贯穿司法实践始终

首先，修复性司法应当引入正当程序的理念。只有法院遵守了既定的程序

① 孙佑海．环境损害司法鉴定：如何依法有序发展[J]. 环境保护，2016(24):28.

和规则，法官才能判决责任人承担修复责任。[①] 当前，我国的修复性司法模式纷繁，程序混乱。人们的注意重点转移到“原被告双方能否达成协议”和“能否修复犯罪的破坏结果”上。至于程序，则完全被这个功利的目标掩盖。而程序正义则是判定司法活动公正与否的内在标准。即使修复正义追求特定的案件正义，也不能忽视程序本身的正义性。相关部门不仅要优化生态环境修复的实现路径，还应细化修复程序以保障制度运行。相关部门应全面考虑影响市民的诉求，包括在特定环境下工作的用户，建立风险沟通、冲突管理和公众在环境整治过程中的参与程序，并吸收相关利益；参与生态修复方案的确定及验收检查。

参与性既是修复性司法的基本特征，也是正当程序的应有之义。因此，建立社会广泛参与的生态环境修复机制是十分必要的。环境修复法律制度应建立相应的渠道，以确保所有利益相关者参与到修复生态环境的过程中，包括获得相关信息、制订修复计划和方案，以及污染场地的风险控制和管理措施；监督环境管理部门和责任单位执法；通过合理的程序设计和法律责任设置，明晰公众参与生态环境修复的法律权利，并扩大政府即责任方信息披露的范围，提高决策的科学性和稳定性。这是生态环境法治化的基本保障。在某种程度上，修复受损的环境也是一种公益事业。[②] 相关部门应该广泛动员起来，吸引全社会的参与。

在司法实践中，由于环境侵权案件中的事实问题是间接的、无形的、扩散的，需要进行大量的调查取证和专业技术论证，事实问题的明确与否将直接影响到环境公共利益侵权行为的追责。由此，法院应对原被告双方提交的证据进行积极的现场调查，并邀请专家对有关问题进行技术论证，最大限度地修复案件的客观事实，实现实质正义。

其次，与一般侵权案件相比，环境侵权损害具有更广泛的损害和更严重的损害、环境修复费用更为高昂，其造成的生态破坏后果在很多情况下难以修复。由于环境案件的特殊性，不同于一般意义上的民事司法，环境资源司法应当充分发挥环境权益救济、公共权力制约、矛盾纠纷终结及公共政策形成这四个方面的基本功能。这决定了法院应当在不突破既有的法院角色和整个权力配置结构的前提下，具有适度的主动性。

环境司法作为环境保护的重要环节，不应停留在传统司法的事后救济层

---

① 王云兰．论我国生态环境修复法律制度的完善[D]．上海：华东理工大学，2018.

② 张睿，江钦辉．美国矿山生态环境治理修复法律制度及对新疆的启示[J]．喀什师范学院学报，2014(4):26.

面。法官应树立风险防范观念，发挥审判机关的司法能动性，采取有效的措施，消除可能对环境产生不利影响的因素，选择可行的生态环境救济方案并监督实施，防止环境污染、生态破坏的产生或扩大，修复受损的生态环境。在我国专门的环境案件审理机制尚未健全的情况下，司法能动主义在环境司法实践中发挥了重要作用。在今后环境民事公益诉讼与私益诉讼的衔接过程中，审判机关可从明确协调维护公共利益和环境个人利益的司法理念，落实司法实践中的公众参与原则，完善损害公共利益的环境损害赔偿制度等方面，发挥司法能动性，维护公共环境权益。[①]

最后，丰富生态环境修复的责任承担方式。相关部门应积极探索从森林延伸到大气、水流、滩涂、矿产资源等领域的生态司法保护和修复模式，充分运用司法手段修复受损生态资源环境。全国部分法院目前正在就生态环境修复的责任承担方式进行有益探索，如判令责任人承担环境公益诉讼救济专项赔偿金、异地修复、替代性修复、缴纳生态修复服务费等。

① 李挚萍．环境修复的司法裁量[J]．中国地质大学学报（社会科学版），2014(4):26-27.

第七章　生态修复的具体实践

第一节　海岸带修复实践——基于围填海工程造成的破坏

生态修复是破解生态破坏问题和建设生态文明、建设美丽中国的必然要求，是加强海洋生态系统保护和保障国家海洋生态安全的必要手段。海岸带生态修复是海洋生态修复的重要内容，是保护国家自然海岸线、保障海岸带湿地、滩涂环境质量、保持生物多样性的重要手段。在各沿海地区利用海洋资源大力发展海洋经济的指导思想之下，在“向海要地”的巨大利益驱使之下，围填海项目纷纷上马。在海岸带生态损害的多种原因中，围填海建设无疑是其中破坏性最大的。人们必须认识到海岸带不仅具有资源价值，而且具有生态价值。围填海项目虽然利用了海岸带的资源价值，但会毫无例外地造成其生态价值的损失。人们必须通过开展海岸带生态修复尽可能地弥补生态价值的损失。

一、海岸带的概念和范围

（一）海岸带的相关概念

海岸带是指陆地与海洋相互作用的地带，是沿海国家经济、人口、各种生产要素的集聚区，是宝贵的国土区。海岸带经济是经济社会发展的引擎和人类活动集约地区，其可持续发展对区域乃至国家经济社会发展，有着重要的辐射与带动作用。因此，加强对海岸带的保护与管理，有利于科学开发、利用海岸带资源，保护海岸带生态环境，获得最大的社会、生态、经济效益。

（二）海岸带的范围

1. 沿海滩涂

沿海滩涂（Shoaly Land；Tidal Flat），英文意指海陆交接地带，是位于潮上带、潮间带、潮下带的能够为海洋生物提供生存、栖息、繁衍物质场所的淤泥质、砂砾质、软泥质海洋地域。除了“海陆交互”的地域特征之外，能够成为海洋生物的生态物质场所也是其本质特征，这也是人们对受损海洋滩涂开展生态修复工作的意义和依据所在。

我国许多现行法规如《中华人民共和国物权法》《中华人民共和国土地管理法》《中华人民共和国渔业法》都有涉及沿海滩涂的规定。

沿海滩涂具有以下生态作用：

第一，缓解或消除海浪侵蚀的作用。海浪对海岸线的冲刷作用是很大的，尤其是近岸港口大型轮船经过所带动的海浪冲击力极大，易侵蚀海岸线。而沿海滩涂本身的宽度以及滩涂上的大量植被可以缓解甚至抵销海浪对海岸线造成的冲刷、侵蚀效应。

第二，保护生物多样性，维持海洋生态健康。沿海滩涂属于水陆交汇处，地质地貌独特，陆生、水生、水陆两生的动植物都可以把滩涂当作家园。丰富的生物多样性可以维持海洋生态平衡，基于此，沿海滩涂也被称为“基因库”“物种超市”。

第三，调解气候，净化海岸带环境。湿地、海洋、森林并称为地球的三大生态系统，调节整个地球的气候，被称为“地球之肺”。而沿海滩涂更是具备了湿地和海洋的双重功能，调节气候的作用至关重要。丰富的植物群落可以吸收 CO_2，释放 O_2，在全球气候变暖的今天这一功能就显得非常重要。而且丰富的植物根系也有助于固化缓慢水流中的沉淀物并将其中的有毒物质吸收或转化。但是如果滩涂被严重污染和破坏的话，这种自身消除污染的能力就会下降，最终形成恶性循环。

第四，景观、娱乐功能。“面朝大海，春暖花开”是一种人生追求，也表明了人们向往的立足点——岸滩。人们对大海的青睐更多的是对岸滩的热衷。沙滩、泥滩、岩滩、红树林、珊瑚礁的景观和娱乐功能越来越凸显，吸引着无数人前往。也正因如此，人们更要加强岸滩保护，修复受损岸滩，提升海岸带治理水平。

2. 滨海湿地

1992 年，中国加入《关于特别是作为水禽栖息地的国际重要湿地国际公约》(以下简称《湿地公约》) 之后，“湿地”“湿地保护”等概念才进入中国生态环境保护的话语领域。滨海湿地属于湿地的一种，是指界于海洋水体和陆地之间过渡地带的生态系统。根据《海洋环境保护法》第九十四条第三项规定，“滨海湿地，是指低潮时水深浅于六米的水域及其沿岸浸湿地带，包括水深不超过六米的永久性水域、潮间带（或洪泛地带）和沿海低地等。”

虽然许多研究者将“沿海滩涂”和“滨海湿地”概念等同，但它们还是存在差别的，从字面意思来看，“滨海”比“海岸”的范围要大。《中国统计年鉴》（2010年）认为，“滨海湿地”是指“近岸及海岸湿地”。其中“海岸湿地”略等同于“沿海滩涂”，而近岸湿地事实上还包括河流入海口的河口湿地、沿海河流湿地、沿海湖泊湿地。因此，只要处于海岸带范围内的湿地都属于滨海湿地。

滨海湿地是介于陆地生态系统和水生生态系统之间的湿地生态系统，由湿生、沼生和水生生物及支持其生命力的无机环境组成，具有极高的生产力。滨海湿地生态系统是连接陆地与海洋生态系统的关键交错带，不仅具有提供水产品、净化水质、减缓风暴潮和台风危害等生态系统服务功能，而且是众多迁徙水鸟繁育、停歇和越冬的关键栖息地，在生物多样性保护上具有极其重要的意义。

3. 红树林

红树林是以红树植物为主体的潮滩湿地木本生物群落，它生长于热带、亚热带陆地与海洋交界带的滩涂浅滩上，与周围环境共同构成生态功能统一体。作为全球初级生产力最高的生态系统之一，红树林具有很强的固碳能力和很高的碳储量，是全球生态系统中最重要的碳库之一。红树林为众多水生动物、鸟类提供了栖息和觅食的场所，蕴含丰富的生物多样性。红树林不仅有重要的生态学意义，更是构筑抵御海浪和风暴潮的坚固防线。2004年年底的印度洋海啸造成了几十万的人员伤亡和难以计数的财产损失，至今想来仍令人心有余悸。而在印度泰米尔纳德邦，一个名叫瑟纳尔索普的普通小渔村里，172户家庭虽然距海仅仅几十米，却因背靠一片繁茂的红树林幸运地躲过了海啸的袭击！

红树林也是多个国家法律明令禁止毁坏的海防林木，多个国际公约和国内法规都对红树林保护有明确规定。但据2016年发表的《中国红树林湿地资源、保护现状和主要威胁》一文介绍，污染、围垦、过度捕捞和采挖、基建和城市建设等成为中国红树林湿地面临的主要威胁；红树林面积从20世纪50年代的4.2万公顷，迅速减少至2000年的2.2万公顷。

4. 珊瑚礁

珊瑚礁是指以珊瑚礁为主体及礁栖动物和植物共同组成的集合体，为热带浅海所特有，其生物群落种类最丰富、多样性程度最高，被誉为“海洋中的热带雨林”。在深海和浅海中均有珊瑚礁存在。珊瑚礁具有极其重要的经济、自然、生态价值：能为沿海居民提供食物来源，并为他们创造大量工作机会；能作为旅游观光景点，带来可观的收入；能作为自然防波堤，阻挡海浪和飓风的侵入；珊瑚礁还蕴藏着丰富的油气资源和矿产资源；珊瑚礁为许多动植物提供了生活环境，就连大洋深处的鱼类也会来珊瑚礁产卵、孵化，直至幼鱼长大返回大洋。可以说，珊瑚礁系统是海洋生命的摇篮和故乡！

二、海岸带围海造地的严重后果

（一）自然岸线保有率降低和沿海湿地面积大幅减少

围海造地最直接的后果就是我国的自然岸线逐渐消亡，湿地、滩涂自然岸线被人工的钢筋水泥岸线取代。由于海域资源开发过快、方式粗放、缺乏统筹等问题，目前中国自然海岸线保有率已不足四成。另外就是滨海湿地面积减少。全国第一次和第二次湿地资源调查结果显示，2003—2013 年的十年时间里，中国近海与海岸湿地面积减少了 136.12 万公顷，减少率为 22.91%。2017 年 9 月，国家林业局湿地保护管理中心和中科院地理科学与资源研究所联合阿拉善 SEE 基金会、红树林基金会发布《中国沿海湿地保护绿皮书》：沿海 11 省湿地健康指数评估得分平均为 59.2 分，整体处于亚健康状态。围海造地工程占用大量沿海滩涂湿地，导致其生态服务功能基本消失。

2015 年 10 月，中科院地理科学与资源研究所、中国国际湿地公约履约办公室和美国保尔森基金会联合发布《中国滨海湿地保护管理战略研究报告》称：快速、大范围的围垦和填海是造成中国滨海湿地面积锐减的主要原因。以环渤海湿地为例，近十年来，辽宁、河北、山东和天津年均批准填海造地约 53 平方公里，大量工程破坏了滨海湿地、滩涂等重要生态系统，环渤海海岸带生态系统极其恶化。

（二）海洋生物资源受到严重破坏

首先，大规模围海造地占用和破坏了作为我国海洋经济持续发展重要基础的渔业资源的产卵场、索饵场、越冬场和洄游通道（即“三场一通道”），与水污染、过度捕捞、气候变化等并列为渔业资源退化的主要原因。规模化的围海造地工程造成水动力、纳潮量、海水泥沙盐分等海洋物理性条件改变，导致水交换能力变差，水质下降，海洋生物资源底栖破坏、食物链断裂，生物多样性下降，海岸生态系统退化。其次，围海造地侵占和破坏沿海湿地，破坏动物的觅食地，导致许多珍稀物种（如珊瑚礁、中华白海豚）濒临灭绝。对中华白海豚影响最大的是填海时的打桩噪声，但由于国内对中华白海豚栖息地的研究还比较初步，很多填海工程选址时根本不清楚当地是否有中华白海豚出没，有的干脆直接忽略这一物种的存在。对于珊瑚礁的破坏主要是有些建设方会故意选择在珊瑚礁盘上填海，因为珊瑚礁盘特别硬，利于迅速开发房地产，也不用打很深的地基，建房成本可以低很多。鉴于目前的珊瑚种植和移植都局限于实验室科研阶段，远没有达到能够商用的地步，所以珊瑚礁的修复非常困难。

目前，填海生态补偿缺乏明确的法律依据和政策保障，难以正常开展。制度的不完备给了企业逃避填海生态损害责任的机会，违法填海之势迅猛但惩戒力度却远远不够。另外，针对珊瑚礁、中华白海豚、红树林等珍稀濒危的生物，因为没有市场价格，没有明确的填海的生态补偿标准而得不到补偿。在全国大部分地区，填海企业往往都能逃避承担填海生态损害的责任，最后需要由政府动用税收来开展生态修复，这实际上是在放纵逐利者，而将生态损害责任加在所有纳税人身上，有违生态公平和正义。

（三）海洋污染加剧

围海造地导致海岸带自然环境的物理、化学、生物特性持续性变化，形成污染，除了围填海本身产生的工程垃圾和工程噪声外，其形成的水产养殖、港口码头和临港工业等活动增大了海域内污染物的排放量，致使近岸水环境和底泥环境污染持续恶化。并且这种污染会从近海岸向海洋深处传递，造成更进一步的远洋污染。另外，围海造地还会导致海岸水动力系统和环境容量剧变，环境承载力大大减弱，进一步加剧污染。比如，近年来南海海域赤潮、水母等生态灾害频发，就和围海造地有一定的因果关系。

三、对围填海造成的海岸破坏开展生态修复面临的困境

（一）海岸带的法律定位不清

所谓海岸带的法律定位，其实就是明确其到底属于陆地还是海域。如果属于陆地，就要适用《土地管理法》等陆地法的调整，监管部门也将是陆地部门；如果属于海域，则适用《海洋环境保护法》（2018 年）、《海域使用管理法》（2001 年）等海洋法律的调整，监管部门属于海洋行政主管部门。虽然笔者在第一章解读海洋概念部分时将海岸带归属于海洋的范畴，但是我国法律并未明确海岸带的土地或者海域属性。以沿海滩涂和湿地为例，依据不同的法律形成两种观点：第一种观点是根据《民法通则》（1986 年）、《土地管理法实施条例》《物权法》（2007 年）等法律规定。[①] 从这些规定沿海滩涂的归属和管理的规定可以看出，我国这些法律更着眼于沿海滩涂的自然资源属性，是将其定性为土

① 《民法通则》第七十四条规定："劳动群众集体组织的财产包括法律规定为集体所有的土地和森林、山岭、草原、荒地、滩涂等。"《土地管理法实施条例》第二条规定："依法不属于集体所有的林地、草地、荒地、滩涂及其他土地，属于全民所有即国家所有。"《物权法》第五十八条规定："集体所有的不动产和动产包括：（一）法律规定属于集体所有的土地和森林、山岭、草原、荒地、滩涂……"

地的。另一种观点依据的法律主要是《海洋环境保护法》[①]以及《海域使用管理法》第二十二条的弹性规定。《海洋环境保护法》第二十二条将“海岸”“滨海湿地”都纳入了海洋的范畴。海岸带整体或者海岸带的不同地域属性不同，将决定对其开发、保护、修复适用的法律机制、管理体制、调整手段也不同（表 7-1）。

表 7-1　滩涂、湿地的不同定性情况

比较内容	将滩涂、湿地视为海域	将滩涂、湿地视为土地
主管机关	海洋行政主管部门	土地管理部门（自然资源部门）
所有权归属	国家	国家或集体
管制手段	按海洋功能区划管制	按农用地或建设用地管制

以粤港澳大湾区东莞市滨海湾新区建设为例。自从粤港澳大湾区的概念提出后，地处湾区中心位置的东莞也开始了大规模的建设，在珠江入海口东岸专门将一片尚未开发的滨海“处女地”划定为市直属的滨海湾新区进行建设。滨海湾新区所处的长安新区规划所在地位于两条南北流向的河流磨碟河和东宝河之间，两河之间另有五条南北流向的河涌被包括在规划区内，从新区北部流入海湾，其中相当一部分地域属于滨海湿地或沿海滩涂。这里除了有连片的鱼塘和滩涂，还有密集红树林，郁郁葱葱，水鸟丛生，健康蓬勃。但是这一大片生长着红树林、明明具有滩涂和湿地性质的地域，根据广东省海岸线划定标准，在本地的国土规划中并不属于海洋、生态保护区，而是被认定为可以用于开发建设的荒地。根据东莞市的惯例，土地一级开发甚至不用立项、不用进行环境影响评价，直接就可以进行土地平整。根据东莞市滨海湾新区官网公开的数份环评资料，在 17 个填海项目中，“海洋科技研发服务基地”“粤港澳文化街”等几个项目海洋环评报告均未将规划范围内密度较高的红树林纳入生态敏感目标，更没有填海工程对红树林的影响分析和相应的生态补偿措施。

但事实是，这片土地上进行的开发是具有填海施工性质的。项目位于河口海域，属于生态环境敏感区，将造成填海区域湿地资源的永久丧失；项目填海

① 《海洋环境保护法》第二十二条规定：“凡具有下列条件之一的，应当建立海洋自然保护区：(一）典型的海洋自然地理区域、有代表性的自然生态区域，以及遭受破坏但经保护能恢复的海洋自然生态区域；（二）海洋生物物种高度丰富的区域，或者珍稀、濒危海洋生物物种的天然集中分布区域；（三）具有特殊保护价值的海域、海岸、岛屿、滨海湿地、入海河口和海湾等……”

还占用了南沙南部—淇澳—内伶仃岛海域中心产卵和索饵场、珠江口经济鱼类繁育场、珠江口幼鱼幼虾保护区部分海域，减少了相应的海洋生物产卵、饵料、繁育空间；施工期产生的悬浮泥沙也会对渔业资源造成一定损失。若定性为海域，开发者将会受到海域用途规划、海洋功能区划、环境影响评价、生态损害责任、生态补偿、生态修复等规定要求。

海岸带的法律定性如何不但决定着开发利益和开发成本，而且决定着海岸带生态保护的前途。

在各种“大力发展海洋经济”“沿海大开发”“填海大跃进”的情势之下，大家更多的是关注海岸带的资源属性，而无意或者有意地忽略其生态属性。海岸带资源是有限的。滩涂、湿地、珊瑚礁、红树林等海岸带资源对于维护海洋生态平衡具有至关重要的作用。鉴于海岸带的重要生态价值和目前的海岸带破坏情势，为了达到海洋生态保护的目的，人们应当将海岸带定性为海洋的一部分，将其作为生态敏感区域加以保护，只能在符合特定目的的情况下给予有限的开发，对于受污染和破坏的海岸带应当给予修复，这样才能达到海洋可以持续发展的最终目的。

（二）缺乏完善的围海造地管理和调控机制

所有的围填海项目势必会对海洋生态造成或大或小的损害，无一例外！所以每个项目都应该采取措施减少不良影响，即开展生态修复。如前所述，海洋生态修复属于事后性制度，海岸带生态修复应当针对围填海工程对海洋生态造成的不良影响。生态修复的内容和力度除了要考虑造成的生态损害的情况和经济技术的可行性之外，还要视工程本身的情况而定。如果在经济发展的大背景下，经过经济利益和生态利益权衡之后，仍然要上马的且在规划计划、项目审批、监督检查和后评估等环节均合乎法律规定的围海造地项目，只能是按照其在规划、环评文件确定的修复方案开展修复，尽量减少不良生态影响；但是如果项目本身就是违法违规，如欠缺项目规划、项目审批、项目环评等任一程序或者全部程序，这样生态修复的内容和力度或许会是彻底的“恢复原状”！

综上所述，围海造地项目的规划、审批和环评等文件都是开展海岸带生态修复的根基和依据：有，则参照开展；无，则可能“恢复原状”。但是，在实际的围海造地流程中，项目规划计划、项目审批、项目监督、项目环评和后评价完全符合法律要求的条件和程序的并不多，项目管理和调控机制并不健全，存在着大量的不合法、不合规现象（如海南省三亚红塘湾在未履行环评手续的情况下强行开展大规模违法填海施工活动，万宁日月湾综合旅游度假区月岛围填海项目未履行完海洋环境影响评价手续便已开始施工）导致开展生态修复方案欠缺参照的既定文件、材料的设计；如果重新设计生态修复方案，成本巨大；至于那些注定要面对"恢复原状"命运的，更是用巨大的投入最后换来"恢复原状"。而这些本可以通过围海造地项目健全的管理和调控机制加以避免。

（三）海洋执法部门职权有限，执法难度大

违法围填海是造成海岸带生态损害的重要原因，一些围填海工程的生态修复是建立在对其项目价值进行否定性评价的基础上的。非法、违法的围填海项目具有多重的价值否定性，如未申请或者申请、获批程序瑕疵，或者未按照批准用途使用，或者是造成的海洋生态损害远远高于其经济价值等，这些问题都是首先需要由海洋执法部门作出查处，进而开展整治或者生态修复的。但是由于海洋部门管理职权小、执法能力弱，在围填海项目执法中存在及时发现难、调查取证难、巨额罚款难、恢复原状难、申请执行难的情况。违法填海大多牵涉地方重点建设项目，事关地方经济发展大局，海洋部门的执法受困于当地政府经济发展的冲动，惩戒力度远远不够。

我国《海域使用管理法》和《围填海管控办法》（2016）规定，对未经批准或骗取批准，非法占用海域或进行围海、填海活动的，除了处以罚款，还要责令退还非法占用的海域，恢复海域原状。然而对违法围填海实际的处理结果往往是一般当事人缴纳罚款，案件就基本了结，恢复海域原状问题经常不了了之，存在以罚代管的情形。由于没有行政强制权，海洋行政执法部门对逾期不履行行政处罚决定的案件，必须依法申请人民法院强制执行。但法院对于恢复海域原状问题也经常无能为力，造成案件执行困难甚至久拖不决。比如，2017 年对辽宁进行的环保督察称，当地海洋管理等部门和有关地方政府虽对大连等地的违法违规填海行为进行了处罚，但并未要求生态修复，也没有追究相关人员的责任，而是"一罚了之、以罚代管"，低廉的违法成本等于间接鼓励了能够获取高额违法所得的围填海行为，造成海岸带生态破坏加剧。

（四）生态补偿和生态损害赔偿制度不健全，导致海岸带生态修复缺乏足够的资金保障

中国的生态补偿制度化最先始于环保政策，在 2000 年国务院颁布的《生态环境保护纲要》中首先提出要建立中国的生态补偿机制，主要体现在防护林建设中，随后逐渐拓展到土地、森林、草原、渔业、矿产、动物保护等领域。2002 年颁布的《海域使用管理法》规定，实施海域使用许可证和海域使用金制度。然而，由于现有的海域使用金征收标准和额度较低，远低于海

洋生态损害价值，无法满足海洋生态保护要求。根据2007年国家财政部和国家海洋局联合下发的《关于加强海域使用金征收管理的通知》，中国海域使用金征收标准最高仅为195元/平方米，最低30元/平方米。而根据厦门大学环境与生态学院教授彭本荣等人通过建立一系列生态经济模型之后的评估，（以厦门为例）填海造地海域使用金征收标准应该为327.82元/平方米，其中生态损害价值每平方米已经接近280元！因此，目前的征收标准还远远不够生态损害的价值弥补。①可见，根据我国的海域使用金征收标准远不够修复实际生态价值损害。

而一些珍稀濒危的海洋野生动物，生态价值巨大，因为没有市场价格可以参考，在计算海洋生态价值损害或者生态补偿金时无法计算在内，最应该补偿、赔偿、修复的反倒被忽略不计了。目前在全国大部分地区，因为围填海生态补偿缺乏明确的法律依据和政策保障，企业逃避填海生态损害的责任，最后需要政府用税收来进行生态修复。

四、实现海岸带生态修复的路径

（一）宏观上严控围填海数量和规模是海岸带生态修复的前提

既然任何人工的围填海项目均会对海岸带自然生态本底造成损害，除非实属必要，都应当严格控制围填海工程项目的开展。事实上，近些年国家对围填海项目的管理也体现了严格管控的指导思想。

1.中央层面的管控

2015年4月，中共中央、国务院发布的《关于加快推进生态文明建设的意见》明确指出，“到2020年，湿地面积不低于8亿亩，自然岸线保有率不低于35%”。《围填海管控办法》（2016年）提出要严格控制围填海总量，严格控制围填海活动对海洋生态环境的不利影响，一般性项目不再进行围填海。

2018年7月，国务院发布《关于加强滨海湿地保护严格管控围填海的通知》（以下简称《通知》），从“严控新增围填海”“加快处理围填海历史遗留问题”“加强海洋生态保护修复”“建立长效机制”“加强组织保障”等方面管控围填海问题。该《通知》从“严控新增项目”和“严格审批程序”两个方面体现“严控新增围填海”，要求：除国家重大战略项目外，全面停止新增围填海项目审批；新增围填海项目要同步强化生态保护修复，边施工边修复；未经批准或骗取批准的围填海项目，由相关部门严肃查处，责令恢复海域原状，

① 沈佳纹，彭本荣，王嘉最，等.海域基准价格评估：厦门案例研究[J].海洋通报，2018(6):679.

依法从重处罚。《通知》非常重视围填海生态修复，要求从“严守生态保护红线”“加强滨海湿地保护”“强化整治修复”等方面加强围填海生态修复，并建立长效机制和强化组织管理。

2. 地方层面的管控

最先实行严格围填海管控的是半封闭的、水交换能力弱的渤海地区。渤海被辽宁、河北、山东和天津等省市环绕，过往围填海开发力度很大，严格的海域管控已经刻不容缓。国家海洋局印发的《关于进一步加强渤海生态环境保护工作的意见》明确提出，暂停受理、审核渤海内围填海项目。

2017 年 9 月 22 日，海南省发布省委七届二次全会通过的《关于进一步加强生态文明建设谱写美丽中国海南篇章的决定》，宣布除国家和省重大基础设施建设、重大民生项目和重点海域生态修复治理项目外，严禁围填海。

2018 年 7 月，天津市政府出台的《天津市海洋生态环境保护实施方案》（以下简称《方案》）规定，“到 2020 年，该市自然岸线保有量不低于 18 公里，保有率不低于 5%。海洋国土空间生态保护红线面积占本市管辖海域总面积的比例不低于国家要求，湿地面积不减少。”《方案》提出，按照国家关于围填海管控“十个一律”和“三个强化”的要求，天津将实施最严格的围填海限批政策，暂停审批新增围填海和占用自然岸线的用海项目；严格落实《海岸线保护与利用管理办法》等有关规定，制订自然岸线保护与利用的管控年度计划；严禁在现有自然岸线从事可能改变自然岸线属性的开发建设活动；加大沿海滩涂生态保护和修复力度。

2018 年 10 月，山东青岛发布的《青岛市海岸带规划管理条例（草案）》规定，自然岸线保护范围内，禁止围海、填海、建设堤坝、筑池养殖以及进行其他改变岸线自然属性的行为，禁止破坏自然岸线的自然地形地貌与景观；编制海岸带规划应当将物种栖息地、海滨红礁石、崂山绿石、砂质岸线等急需保护或者具有特殊风貌保护价值的对象进行重点保护，确定保护地带范围和保护措施；编制海岸带综合保护利用专项规划应当严守生态保护红线，严格控制新增围填海造地；不得在生态脆弱敏感、自净能力弱的海域内进行围填海。

2019 年 4 月，广东省发布的《广东省人民政府关于印发广东省加强滨海湿地保护严格管控围填海实施方案的通知》规定，将严管严控新增围填海，除国家重大战略项目外，全面停止新增围填海项目审批；属于国家重大战略项目并涉及新增围填海的，需要经过层层严格审批，① 并投入 5 亿元组织开展围填海生态修复。

以上省、市的做法反映出他们审视为了追求经济利益而造成生态利益损失痛定思痛之后的深思，严格控制围填海是修复海岸带最为关键之处。有些生态破坏是根本不可逆的，不管未来国家变得多么富强。当务之急是国家应尽快设定近期和远期的填海上限，有更多的沿海省市拿出抑制填海冲动的魄力。

（二）健全的围填海管理调控制度是海岸带生态修复的依据和保障

1. 应当对围填海进行全面科学的规划

一方面，应当编制与围填海相关的各项规划，如土地利用规划、海洋功能区划、城市总体规划、区域建设用海规划以及海岸线保护与利用规划等。除了开发利用，规划设计也应当体现海洋生态保护的思想，如可以设计海洋公园、湿地公园、生态长堤、人工珊瑚礁等作为生态修复项目成果。另一方面，进一步强化围填海的总量控制和分类管理，根据实际情况分为禁填区、限填区和控制区，并确定各填海区的具体岸线、总体控制目标、开发利用类型、规划，提出各级围填海工程项目的审批管理制度。通过开展区域围填海适宜性的本底调查和评价，② 以规划设计的生态保护指导思想和方向以及调查评价结果作为海岸带生态修复的指引和基础。

2. 在围填海审批中重视环境影响评价和海域使用论证

根据我国《环境影响评价法》（2002 年）的规定，任何对环境有影响的规划和建设项目都应当进行环境影响评价。环评文件是围填海规划和项目审批中必不可少的材料和依据。环境影响评价材料中应当详细标明围填海项目对海岸带生态的不良影响，以及缓解或消除影响的生态修复措施。在项目报批政府审批之前，环评文件部分应当首先报海洋行政主管部门批准，之后再连同其他项目材料一起报政府批准。环评审批应当具备“一票否决”的效力。经审批的环评文件中所载明的生态修复措施，是以后开展海岸带生态修复的依据。我国《环境影响评价法》还要求对项目依照环评文件开展的生态保护措施效果进行后评价，根据此规定，海岸带生态修复的实施也要进行后评价，依据评价的修复效果，提出进一步的修复措施。

---

① 由项目所在的沿海地级以上市人民政府将相关材料报送省自然资源厅、发展改革委审核。审核通过后，由省自然资源厅、发展改革委联合报请省人民政府同意后，上报国家发展改革委、自然资源部。

② 向芸芸，陈培雄，张鹤，等．基于陆海统筹的我国围填海管理[J]. 海洋开发与管理，2018(6):59.

2017 年 6 月 7 日，国家海洋局依据《围填海工程用海生态建设方案编制技术规程（试行）》，要求围填海项目必须进行海域使用论证，过程中应充分考虑项目用海的生态影响，在海域使用论证报告书中编制形成生态建设方案专章。此专章内容也应该作为生态修复的依据。

3. 重视围填海生态修复项目的督察和事后评估

按照围填海项目规划、环评、海域使用论证报告等文件中确定的生态修复方案应当遵照执行开展生态修复，海洋行政主管部门应当强化对海岸带生态修复工作的监测、督察。过去督察仅属于地方海洋主管部门，而用海项目的审批权在地方政府手里，使督察的影响力有限、震慑力不够，难以对地方政府形成有效约束。因此，我国应当加大督查力度，将海洋督察的对象扩大至沿海省、自治区、直辖市政府及其海洋主管部门和海洋执法机构，可下沉至设区的市级政府，以完善政府内部的层级监督和专门监督，落实主体责任。同时可以通过定期的现场巡查和专项督查，形成围填海生态修复的评估和管理机制。①

综上所述，健全的围填海管理与调控制度（图 7-1）是海洋生态修复的依据和保障，是事关海洋生态修复的各项制度建设的重要内容。

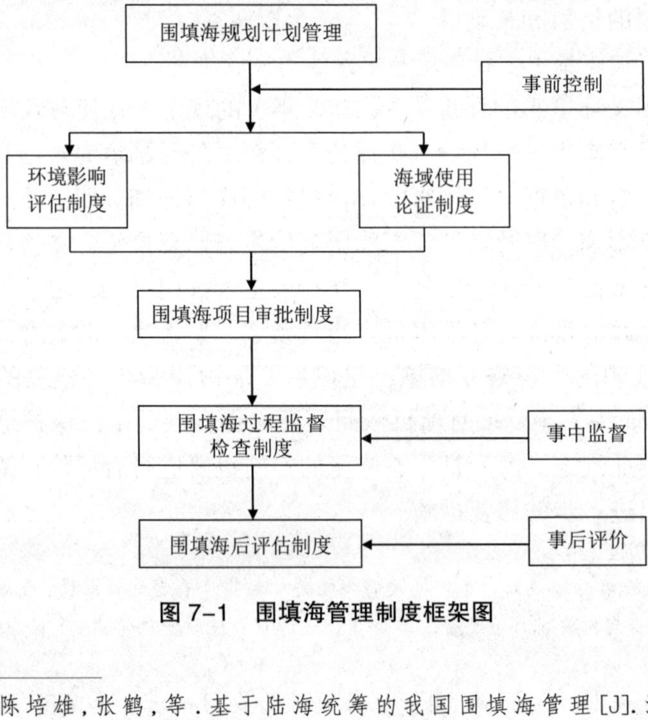

图 7-1　围填海管理制度框架图

① 向芸芸，陈培雄，张鹤，等．基于陆海统筹的我国围填海管理[J]. 海洋开发与管理，2018(6):59.

（三）加强海洋综合管理，强化执法，为强力推进海岸带生态修复保驾护航

长期以来，海洋行政管理部门的权力弱化，缺乏行业管理的主导权，海洋管理受制于地方政府或者其他利益部门的干扰或掣肘，在海洋管理部门执法权微弱的表现之下，围海造地强势突出。因此，我国必须强化国家海洋行政管理部门在海洋综合管理中的主导地位，加强海洋执法。此点我国可以借鉴国外尤其是美国的海洋管理体制。

目前世界上主要存在三种海洋管理模式，按照是否有集中统一的中央海洋行政主管部门及统一权限，可以分为分散型、相对集中型、集中统一型。三种模式的共同之处就是这些国家均拥有一支统一的、强大的海上执法监督队伍或执法机构。所谓统一执法就是将多个行政机构的数项行政执法权集中到一个机构行使。

美国属于相对集中型，其中央层面的海洋行政管理部门主要是“海洋和大气管理局”，其拥有强大的执法能量的机构是“海岸警备队”，负责海洋综合事务管理的执法工作。2010 年 7 月，根据时任总统奥巴马颁布的《海洋、海岸带和五大湖国家管理政策》，美国成立了具有权威性和代表性的国家海洋委员会（National Ocean Council，NOC），以增强政府涉海事务处理的成效。下设的海洋与大气管理局具备海洋行政主管部门的性质。执法机构为美国海岸警备队，经过多年的发展，这个部门成了强大的、统一的、综合性部门，承担海上执法、国防、搜索营救、清理油污、协助导航等诸多任务。其中执法是最重要的职能，拥有强大的海洋事务执法权力和能量，职能几乎覆盖了美国海上执法的所有领域。海岸警备队直接向总统和国土安全部部长负责，另外还根据任务类型的不同，对内政部部长、环保局局长或国家海洋和大气管理局局长等长官负责。[①] 为了实现经济社会可持续发展，当前，美国正在加快推进建立基于生态系统的海洋综合管理体制机制。

我国中央层面虽然存在统一的海洋行政管理部门，但是海洋综合管理和执法力量较为薄弱。我国应当借鉴西方发达海洋国家普遍采用的统一执法手段，海洋执法应着重从行业执法转向综合执法；强化海洋行政管理部门的职权，整合职能相同或相近的部门，成立一支强大的海洋执法队伍，实行统一、集中执法；应当尽快修订《海域使用管理法》，对严重违法行为依法追究刑事责任；同时应尽快配套出台相关实施细则，使海洋行政执法依据更明确。

① 钱春泰，裴沛．美国海洋管理体制及对中国的启示[J]. 美国问题研究，2015(2):7.

同时，地方也要配合中央，转变发展思路，在进行围填海审批时，将海洋生态利益置于经济发展利益之上，建立地方政府领导问责制。我国应当强化地方海洋行政管理部门的职权，使其成为地方海洋行政管理、决策的主体。此外，建议地方政府部门建立并推行收储、拍卖等制度，违法填海的利益所得扣除罚款外应当用于海洋生态修复的治理。

（四）健全生态损害赔偿和生态补偿制度

我国需要通过制度建设，将生态损害成本纳入价格形成机制，保证有稳定、持续的海岸带修复资金投入。为了达到发展经济和保护生态环境间的平衡，生态环境损害赔偿、补偿办法应当纳入政府决策。目前国家层面还在考虑制定围填海项目生态损害补偿的办法。地方层面仅有山东省于 2016 年颁布了《山东省海洋生态补偿管理办法》。尽管该办法的海洋生态补偿标准只征收生态损失的 25%，但据不完全统计，当年山东省对 20 多个项目征收了 2 亿多元的海洋生态补偿费，平均一个项目 1 000 万元左右，比之前增加了 10 倍左右。

在实践中，围填海投资商应当在项目规划阶段进行生态价值损害评估，并衡量自身是否能够承担生态损害赔偿金或补偿金。如果确定能够承担，但自身没有生态修复能力，那么可以借鉴美国的经验，将生态修复工程委托给第三方，请专门的生态修复公司进行修复，尽可能找到经济增长和生态环境保护之间的平衡点。

第二节　矿区生态修复实践——基于过度开采造成的生态破坏

一、矿区生态修复的概念和作用

（一）矿区生态修复的概念

矿区生态修复是指有关的责任主体综合运用多种学科知识、技术手段，对因开采各种矿物资源造成或可能造成生态功能失调、环境污染的区域进行恢复或重建，恢复或提高矿区的生态功能，补偿或赔偿环境权利受损主体。从修复对象来说，矿区属于复合生态系统，包含自然环境、人类经济等子系统，系统要素众多，主要有土地、大气、水体、生物、人类等，这些生态系统要素都是生态修复的对象。同时，矿区生态修复跨领域、跨学科，运用各种手段措施，进行综合性、系统性的全面修复，生态并不是其唯一关注点，经济、社会也是很重要的方面，也就是说，矿区生态修复的对象不单是自然，更重要的还是对社会的修复，实现社会的可持续发展。从修复时间上来说，矿区生态修复具有长期性、持续性，既实施于煤矿开采结束后修复功能失调的系统，也实施于开采过程中来预防或降低开采行为对矿区的影响，还实施于矿区开采前来进行修复规划。从修复目标来说，矿区生态修复意在恢复或保持系统要素的可利用状态，实现可持续发展，更加具体或直观的结果就是土地生产力恢复、生物多样性增加、植被覆盖率提高等。

（二）矿区生态修复的重要性

矿区的开采、利用满足了人们经济发展的需求，为我国经济的增长起到了保驾护航的作用。但由于当前无节制的掠夺式开采、法律法规不完善、开采企业环保意识不强等原因，矿区生态环境问题突出，主要表现在以下几个方面。

第一，开采导致矿区土地毁损。多数矿产资源都是埋藏在地下，露天开采资源需要剥离表面的岩土，对地表的挖损无疑会对表土和植被造成破坏；对于埋藏更深的资源的地下开采，地下的采空区很容易导致地面塌陷，不但破坏耕地，还会诱发地质灾害，影响居民正常的生产、生活，甚至威胁生命。矿物开采还存在固体废弃物堆放侵占土地、侵蚀土地的问题，从而破坏土壤结构，导致土地生产力严重下降；开采占用了大量宝贵的土地资源，尤其是侵占了大规模的耕地，对土地的压占和破坏也严重影响了地表植物的生存，降低了生物多样性。

第二，开采导致矿区水体污染破坏。矿物开采需要大量的水资源，掠夺式的不合理开采会打破水系统的平衡，导致地表水减少、地下水水位降低、水源干枯等。抽排的矿井水、雨水冲刷堆放的矿物质及其废渣产生的废水中都含有大量的重金属物质，导致水资源重金属污染，引发水环境系统的破坏。污染的矿区水体无法保证居民的生活用水安全和植物生存用水质量，造成林木枯死、农业减产甚至停产。

第三，开采导致矿区大气污染。例如，进行煤矿开采时，矿井排风、煤炭和煤矸石的自燃等都会产生粉尘；废气排放、煤炭和煤矸石的自燃也会产生一氧化碳、二氧化硫等有毒气体。大气污染除危害矿区居民的身体健康外，也会对矿区的植被、农作物等造成破坏。

综上所述，矿物开采造成土地、水体和大气的污染和破坏，使矿区生态环境恶化，生态功能失调，植被覆盖率下降，生物多样性降低，地质灾害时有发生，严重影响了矿区居民的生产、生活乃至生存。在严峻的现实压力下，按照国家生态文明建设的要求，人们必须寻求解决矿区生态环境问题的“良药”。而生态修复的初衷就是综合运用生物、化学等多种手段，消除或降低人的行为对环境的污染和生态的破坏，恢复系统功能价值。

目前，生态修复作为解决生态环境问题的有效途径，在当前我国矿区生态环境问题日益突出的大背景下，越来越显得势在必行。很多矿区重视生态修复工作，深挖生态修复技术，积极探索开展生态修复工作，将复垦、生态修复的时间提前到矿物开采过程中，实行边开采边修复。例如，山西省平朔矿区经过生态修复，截止到2017年，植被覆盖率由采矿前的不足10%提高到95%以上，有效改善了矿区土壤环境，逐步恢复了生物物种数量，现有植物213种，动物300多种，昆虫600多种。平朔矿区总共使用土地11万～12万亩，目前已经恢复了林地2.5万亩，耕地1.5万亩。平朔矿区成功的生态修复实践说明了生态修复在改善矿区生态环境上卓有成效，不失为当前的“一剂良药”。①

二、矿区生态修复实施的现实基础

（一）矿区政策法规的现实保障

矿区生态修复需要具有强制性的政策法规进行严格的规制，保障修复工程的切实开展。一方面，矿区生态修复工作的实施离不开国家政策法规的推动。矿区生态修复是需要人力、财力、物力等成本的，现阶段仅仅依靠主动性是不切合实际的。政策法规明确了由谁来实施矿区生态修复工作，并依靠国家强制力来保障修复工程的启动。另一方面，矿区生态修复工作实效的取得，离不开国家政策法规的规范。政策法规明确了生态修复所要达到的具体标准，规定了监管主体、监管范围、监管方式，通过对矿区生态修复的日常监管，及时纠正或惩处不法行为，并依据修复标准对完成的修复工程进行验收，从而保障了矿区生态修复工程的实质性开展，确保修复质量，而不沦为形式。

（二）矿区生态修复资金保障

政策法律是为矿区生态修复工作的开展提供良好的环境，属于外部保障。此外，生态修复工程的实施还有赖于资金、技术、土地的保障，这三者是修复本身所需的物质性保障。矿区生态修复是一项综合性、长期性的大工程，每一项修复措施的采取都需要花费资金，修复完成后的维持也离不开资金的支撑。并且，由于之前过于追求经济利益，不注重环境效益，进行生态修复需要大额的资金投入。因此，矿区生态修复工作的切实实施有赖于充足的资金来进行支撑。

① 向芸芸，陈培雄，张鹤，等．基于陆海统筹的我国围填海管理[J]．海洋开发与管理，2018(6):59.

（三）矿区生态修复技术的保障

矿区生态修复具有很强的专业性，实施过程中，无论是环境污染、环境质量的检验、检测，还是修复措施的确定、实施都需要专业技术进行保证。尤其是在修复方式上，没有修复技术，再多的资金投入与努力也是枉然。并且，由于矿区生态修复是综合性的生态修复，具体操作上也必须综合利用多种修复手段，修复方式比较复杂，涉及多学科、多领域，需要不断研究、开发可靠的生态修复技术作为保障。

（四）矿区生态修复土地使用的保障

土地属于稀缺的不可再生资源，在我国，企业、个人只有土地的使用权，并且在土地使用的监管上也比较严格，而矿区生态修复必然涉及土地的使用。在使用期限上，采矿用地属于建设用地，土地使用期限最长为五十年。但煤矿开采时间是决定矿区土地复垦期限长短的重要因素，露天开采效率较高，许多露天煤矿开采周期不到五年，而地下开采周期较长，开采期可能远超五十年，无法完成修复工作、按时还地。在土地使用用途上，矿区的采矿土地用途是建设用地，生态修复方式中的建设滑雪场、走马场、农业观光园等休闲娱乐设施项目会改变土地的用途，但是改变土地用途的审批又非常烦琐，这就增加了这些修复措施的实施难度。因此，矿区生态修复需要对土地的使用进行合理规划管理，提供坚实的土地使用保障。

三、我国矿区生态修复存在的法律问题

（一）立法体系不完善

矿区生态修复法律规范对生态修复工作有着强制性的规制作用，生态修复实效的取得需要完善的生态修复法律体系来进行保障。20 世纪 80 年代末，《土地复垦规定》《环境保护法》的制定实施，使我国矿区生态修复走上了法制化道路。目前，我国现行的矿区生态修复法律规定仍散见于针对环境保护、资源管理的两类法律规范中，并没有专门性的矿区生态修复法律。

在生态环境保护为目的的立法中，首先，《环境保护法》从基本法层面规定的开发主体制订并实施生态保护和恢复方案、国家建立和完善修复制度等内容都为矿区生态修复提供了根本性的指导和整体性的要求。其次，针对其他环境要素保护的单行立法的部分内容也涉及矿区的生态修复，比如，《大气污染防治法》规定了控制矿产开采的粉尘，防止煤炭堆放自燃造成的大气污染等；《水污染防治法》规定采取水污染防治的措施，执行污染防治的相关标准等；《土壤污染防治法》提出了防治土壤污染的控制措施，等等。最后，环境保护

方面的政策规章的规定也会涉及矿区生态修复，比如，《土壤污染防治行动计划》中规定了对尾矿、煤矸石的整治。

在以资源管理为目的的立法中，《矿产资源法》规定了企业采矿造成土地资源破坏的，要采取一定利用措施；《土地管理法》中规定了造成土地资源破坏的，用地主体要负责复垦，还规定了土地复垦费的缴纳，等等。

虽然上述国家层面的立法中，从生态环境保护的基本法到各项单行法再到各部门政策规章的相关规定，都可能会不同程度地直接或从侧面涉及矿区生态修复的问题，但是整体而言，目前我国关于矿区生态修复国家层面的立法呈现出非系统性、分散性的特征。没有专门的矿区生态修复法律，统筹式的环境保护基本法和针对特定环境要素的单行法所涉及的生态修复规定大都为原则性的，内容也不够全面、具体，仅仅依靠行政法规、部门规章对矿区生态修复的专门规制，法律效力不够，仍然无法对矿区生态修复进行统一的指导、管理。此外，矿区生态修复法律规范中修复和恢复混用，不够统一、规范。

目前我国矿区生态修复国家层面的立法不具有系统性，分散在诸多法律规范中。法律层面上，没有专门的矿区生态修复法律，统筹式的环境保护基本法和针对特定环境要素的单行法所涉及的生态修复规定大都为原则性的，内容也不够全面、具体，仅仅依靠行政法规、部门规章对矿区生态修复的专门规制，法律效力不够，仍然无法对矿区生态修复进行统一的指导、管理。此外，矿区生态修复法律规范中修复和恢复混用，不够统一、规范。

虽然我国矿区生态修复国家层面的立法体系尚不完善，但是地方层面的立法活动却较为活跃。近年来，在社会公众对环境保护的普遍关注和国家生态文明建设的驱动下，河北、山西、浙江等许多地方开展了矿区生态修复立法实践。2016 年末，山西发布的《十三五环境保护规划》更是直接提出将推进矿山生态修复作为重点任务。

（二）矿区生态修复责任主体不明确

矿区生态修复工作的首要问题就是要确定应当由谁来负责修复，也就是修复责任主体问题。对于由谁来进行矿区生态修复的问题，当前我国《环境保护法》规定了公众参与、损害担责的原则，笼统地规定了生产经营者的责任。而对于矿区开采生态修复责任者的确定而言，矿区是由开采企业的开采行为造成污染的，开采企业从中获益，毋庸置疑，应由开采者对其造成的损害承担修复责任。但当前关于矿区开采生态修复的责任主体的法律规定过于简单，不够全面。例如，对于法律生效前矿区生态区生态修复的责任主体是谁、开采结束又出现环保问题由谁来进行修复、新的开采企业进入老的矿区进行开采如何确定修复主体等问题都未进行明确规定，也就使得实践中修复责任人难以确定，无法落实责任。

（三）矿区生态修复标准不明确

矿区生态修复需要严格而明确的标准来确定修复工作所要达到的具体目标、效果，衡量和检验生态修复取得的成效。我国现有的矿区生态修复标准过于分散，不够明确，并且都是针对最终环境状态设定的标准，不能满足生态修复工作量大、耗时长而进行阶段性评判的要求，无法快速合理衡量修复成效。这也就使得许多矿区在进行生态修复时，只顾短期利益，仅是进行简单的、投入少的修复，并不能真正恢复或提高矿区的生态功能，实现可持续发展。如生态修复很重要的一个方面就是实现土地复垦，由于国家尚且没有合理的土地复垦指标规定，在修复时，仅重视植物覆盖率，忽视土地质量的问题较为突出。实践中大量的矿渣被采取深埋方式进行处理，矿渣被覆盖后，从表面虽已看不见，短期也没有大的危害，执行现有的相关标准是达标的，但其对土壤的潜在污染还在。

（四）矿区生态修复监管不到位

对矿区生态修复工作的全过程进行有效的监督管理是督促修复主体履行修复义务，确保生态修复取得实效的关键，因而监管制度是我国环境资源保护法律的一项重要内容，《环境保护法》《矿山地质环境保护规定》都将监督管理单独设置为一章。我国的监管制度都是由政府代表人民意志，并依靠国家强制力对各行各业进行监管，矿区生态修复的监管也不例外。此外，2015 年修订的《环境保护法》专门将信息公开和公众参与作为一章，赋予了社会公众在环境保护上的参与和监督的权利。与政府部门采取强制措施、进行行政处罚的直接管理不同，社会公众的监督没有直接的强制力、约束力，公众只是发现违法行为，进行举报或起诉，而无法实现直接的管理。

矿区生态修复针对的是生态系统整体，涉及面众多，我国现行法律在监管权力配置上没有进行整合，而是相关部门按照各自的职责范围进行监管，使得我国矿区生态修复监管部门众多。《环境保护法》规定了环境保护主管部门是环境保护工作的统一监管主体，在监督管理一章中也规定了县级以上人民政府及其他部门对环境保护的监督管理事项。《矿山地质环境保护规定》明确地规定了国土资源部门的监督检查职责。由于我国现行法律并没有规定专门的监管部门，各个监管部门间的职责范围不可避免地存在重叠，利益可能存在冲突，难以实现有效沟通和协调，使得实践中存在诸多问题，如各部门间交流不畅通，信息无法快速有效共享，导致资源浪费、监管效率不高；基于自身利益考虑，各部门或争着进行监管而导致对企业的重复管理、执法混乱，或相互推诿扯皮导致执法不严、监管缺位。不合理的生态修复权力配置方式已受到国家的重视，按照国务院改革方案的要求，由新组建的自然资源部统一行使生态保护修复职责。对于矿区生态修复的监管内容，根据《环境保护法》的规定，我国实施环境质量标准和污染物排放标准，县级以上人民政府、环境保护部门等对环境质量、污染物排放进行检测、检查。《矿山地质环境保护规定》规定了国土资源主管部门对矿山地质环境情况和采矿权人对矿山地质环境保护与恢复方案的落实情况进行监管。

对违法人采取强制手段、进行惩处是监管发挥实效的保障。但是目前的相关法律对矿区生态修复过程中涉及的法律责任的规定较为原则和片面，过多地突出了行政责任和刑事责任的承担，民事责任的规定较为薄弱，无法使生态修复落到实处，体现出实际效果来。比如，《矿产资源法》从法律层面原则性地规定了进行破坏性开采要承担的法律责任；《矿山地质环境保护规定》从行政规章层面细化了生态修复的行政法律责任，具体规定了没有编制、没有实施或没有完成矿山地质环境保护与治理恢复方案，没有按期缴存矿山地质环境恢复保证金，扰乱、阻碍恢复工作情况下，应当承担限期改正、罚款、不通过年检、不受理采矿权申请等行政责任。不过根据该法的规定，行政责任中的罚款数额仅为3万元以下，相比煤炭开采企业的收益只不过是九牛一毛，违法成本过低，起不到真正的惩罚、威慑作用。另外，根据《刑法》的规定，采矿人还可能构成污染环境罪和破坏性采矿罪而承担刑事责任。

从上述规定可以看出，目前对于矿区生态修复方面的违法行为，主要是采取行政强制措施或进行行政处罚以及强调刑事责任的承担，缺少未完成生态修复义务应承担的民事责任规定，从而影响到生态修复的治理效果。

四、完善我国矿区生态修复法律制度的思考

（一）完善矿区生态修复的立法

要从根本上解决矿区的生态环境破坏问题，真正实现生态修复的目的，首先要有用于规范矿区生态修复的法律，做到修复时有法可依。基于目前我国矿区生态修复法律规定过于分散、可操作性较差、法律效力级别过低等现状，我国应加快矿区生态修复方面的立法，完善我国的法律体系，为矿区生态修复提供坚实的法律保障。

具体来说，可以从以下两方面入手：一是修改现行法律规范。当前用于规

范矿区生态修复的法律规定分散在环境保护和资源管理两方面的法律中，修复和恢复混用，缺乏专门的生态修复规定，相关规定也过于原则。对此，可以在原有的法律规范中增加矿区生态修复专章，细化生态修复保障和促进方法，明确生态修复的监管主体和职责。二是制定新的法律。对于国家政府推进矿区生态修复的最新政策，要及时细化、落实，并转化为法律，充分发挥政策与法律二者的功能、作用。此外，针对当前矿区生态修复法律规定过于分散、缺乏系统性的问题，可以将现有法律规定进行整合，并根据我国国情，制定专门性的矿区生态修复法律。

（二）明确矿区生态修复的责任主体

1. 确定矿区生态修复责任主体的原则

矿区生态修复责任主体的确定是修复工作开展的首要之务，决定了生态修复工程的实际实施。要明确责任主体，首先要明确责任主体的确定原则。从现行法律规定的“损害担责”“谁毁损，谁复垦”“谁开采谁保护，谁破坏谁治理”原则等内容来看，矿区生态修复应在遵循权利与义务相统一、损害担责的基础上，合理确定责任主体。

其次，要厘清矿山开发相关主体的地位、关系。开采企业开发矿山从中直接获利，是最为直接的受益者，同时，开采活动损害矿区环境，因此开采企业也是损害人、破坏者。矿产资源所有权是归属于国家的，开采企业需向国家政府申请获取采矿权，进行有偿开采，国家在煤炭开采中也是受益的。开采造成矿区环境污染、生态破坏，影响到矿区社会公众的正常生活乃至生命健康，因此矿区的社会公众是利益受损方。

2. 矿区生态修复的具体责任主体

除在法律中规定矿区生态修复责任主体的确定原则外，还应当增加列举一些实践中常见情况的具体责任主体。具体来说，就是规定开采企业原则上是生态修复责任人，实际负责矿区生态修复的工作实施，对受损方进行补偿或赔偿，国家仅负有补充责任。

对于历史遗留矿区的生态修复，我国可借鉴美国的相关规定。美国根据法律生效日期对矿区进行了划分，即生效前历史废旧矿区和生效后矿区，同时对这两种矿区相对应的生态修复责任人进行了规定。对于后种矿区，按照法律规定由损害人即矿产开采企业负责生态修复工作；而对于前种矿区，当国家政府没有办法找到原本应承担责任的企业时，则由政府承担该矿区的生态修复责任。也就是说，煤炭开采企业对自己造成的污染破坏承担完全的生态修复责任，是法定的第一顺位的修复责任人，而国家政府的修复责任是第二位的，相等于补充责任，只在企业无法承担责任时，国家才负责修复工作。

我国也应明确规定，在煤炭开采企业无法承担修复责任时，国家为历史遗留矿区的生态修复责任主体，并设立政府专项修复基金来保障国家生态修复工作的实施。而在法律颁布实施后，则是开采企业来进行矿区生态修复，并负有完全的修复责任。对于新的开发企业进入老的矿区进行开发的，原煤炭开采企业还存在的，原企业和新企业均是生态修复责任人，并且当找不到原企业时，矿区生态修复可使用部分修复基金，也就是由国家政府来负责原企业应承担的那部分责任，新企业应承担的责任不变。在开采结束后才出现环境污染破坏情况的，还是由原开采企业承担矿区生态修复工作，这是法律实施后对企业的开采行为所造成的损害进行的追责，并不违反法不溯及既往；企业不存在的，应当由国家进行治理，因为矿产是国家的，国家从企业的开采活动中最终受益。由于实施生态修复时，矿区的开采大都仍在进行中，因此，当国家作为修复责任主体时，建议开采企业仍作为矿区生态修复的实施主体，只是由国家的修复基金来负担修复工作。

（三）明确矿区生态修复的标准

矿区生态修复标准确定了修复责任人的具体责任、义务，是判断生态修复工程完成情况、衡量生态修复工作成效、检验修复资金收益的根本性手段，因此，设定明确的矿区生态修复标准，在矿区生态修复工作中是不可或缺的。同时，基于我国目前执行的生态修复标准规定过于分散、不够明确，并且无法进行阶段性的生态修复成效评判的问题，我国应整合现有的标准规定，加快专门的生态修复标准制定进程，为矿区生态修复提供明确而严格的标准。

在矿区生态修复标准的编制体系上，可以在总结《恢复治理技术规范》这一现有标准成功经验的基础上进行编制。具体来说，首先从整体上规定矿区生态修复的一般要求，对不同修复对象的修复标准进行统一的原则性规定。其次，根据不同的环境保护要素、不同的矿区场地对生态修复标准进行分类规定。例如，大气、水体和土地污染指标不同，修复措施不同，在修复标准上也应当区别对待，进行针对性的规定；对于不同的矿区场地，由于土地用途不同，环境污染和生态破坏程度不同，对应的生态修复任务不同，需要采取不同的修复手段，因此有必要对矿区的露天采场、排土场、尾矿库、专用道路、沉陷区等不同场地进行分类，制定有针对性的修复标准。最后，规定生态修复标准实施的监管。对进行生态修复后的矿区环境状况进行检测、评估，并监督标准的实施。这部分内容使生态修复标准规定切实发挥实效，不成为一纸空文，因而不可缺少。

在矿区生态修复标准的具体设定上，除了可以吸收《恢复治理技术规范》的合理规定之外，还可借鉴美国成熟的生态修复标准。具体来说，《恢复治理技术规范》规定的恢复治理后的矿区进行农业种植、养殖的检测评估期限要达三年以上。这一规定实际就是将标准的实施期限延长，以防恢复治理效果出现反复，潜在污染、损害凸显。矿区生态修复标准的编制也应吸收这一理念，关注长远性的环境质量，注重根本性的修复，增加维护生态修复成效的标准规定。美国相关法律分阶段对土地复垦验收制定了详细的标准和流程，其生态修复标准与修复工作本身的复杂性、综合性和长期性基本特点相适应，非常注重循序渐进，逐步提高修复成效，对生态修复进行阶段性的验收，先是要求达到土地可利用即可，然后再适度提高标准，要求植被增加，土地生产力恢复，最后是土地用途和植被覆盖率的完全达标。美国还从土地特征、土地生产力、水质、植被覆盖率等诸多方面规定了具体标准，概括来说就是防止或减少损害，保持或恢复环境的原有状态，并根据不同的环境条件，将生态恢复时间定为 5 年到 10 年。美国的标准设定理念、具体要求都可为我国提供有益借鉴，我国的矿区生态修复标准也应合理确定修复期限，划分不同阶段，并明确各阶段的具体目标、任务，满足生态修复的长期性要求，循序渐进地完成生态修复。

（四）完善矿区生态修复的监管执法

矿区生态修复工作需要专门的生态修复监管部门，对生态修复工程的开展、验收、维持等各个环节进行统一的全方位监管，这也是生态修复工程综合性、长期性的要求，自然资源部的组建正是国家对这一问题的回应。由自然资源部对矿区生态修复进行统一的监管，职责上更加明确，监管效率会提高，这必然有助于矿区生态环境的系统性、整体性治理，保证生态修复实效的取得。自然资源部应对生态修复工程的全过程、全方位进行监管，包括生态修复前环境污染的预防、矿区环境保护的规划和相关标准、法律规范的编制、起草；生态修复过程中修复项目实施状况的监督检查、违法行为的惩处，生态修复完成后的验收和维持等。在人员配备上，要考虑到统一监管部门的综合性职责，合理吸收不同知识结构、能力领域的人。此外，还应当加快立法，在法律规范上确认自然资源部是生态修复的专门监管主体，明确其监管职责。

监管部门严格执法，落实相关规定是一方面，但违法成本过低、责任承担方式不合理，仍然不利于生态修复的实施。对此，我国应加大违法行为的罚款金额，注重限期修复、不受理采矿权申请、不通过采矿权许可证年检等行政措施、处罚的利用，明确生态修复不合格应承担民事责任，并严格适用刑事处罚手段，对生态修复进行有力的监督。

第三节 海岛生态修复实践——基于海岛生态安全的考量

一、海岛概况和海岛生态系统

（一）海岛概况

海岛是指四周为海水所包围，高潮时露出海面的陆地，包括有居民海岛和无居民海岛。按照海岛用途，还可以再分出用于确定领海基线、军事、自然保护区等有特殊保护价值的特殊用途海岛。我国有面积大于 500m² 的海岛 6 500 多个。海岛的总面积为 80 000km²，占我国陆地面积的 8%，海岛岸线长度为 14 000km，有长住居民的岛屿 460 多个。中国海岛分布于南北跨 38 个纬度，东西跨 17 个经度的海域。中国最北端的海岛是辽宁省的小笔架山，最南端的是海南省三沙市的南沙群岛，最东端的是钓鱼岛诸岛的赤尾屿。中国海岛的分布，东海最多，占 66%，南海次之，占 25%，再次为黄海、渤海。按省（自治区、直辖市）海岛分布，第一位是浙江，拥有海岛 3 067 个，海岛面积 1 940.4km²，约占浙江全省面积的 0.19%；第二位为福建，有海岛 1 352 个，总面积 756.78km²；之后依次为广东 759 个；广西 650 个；山东 296 个；海南岛周边岛临 280 个（另外，南海的岛礁总数为 287 个）；辽宁 226 个；河北 132 个；江苏 16 个；上海 12 个；天津 1 个。中国海岛主要是基岩岛，占总数的 92.4%；泥沙的冲积岛占 6%，主要在渤海及大河河口处；珊瑚岛占 1.6%，在台湾海峡及南海。①

（二）海岛生态系统

海岛生态系统是由海岛的陆地、沿海滩涂和环岛浅海等部分及其各自拥有的生物群落构成的相对独立的生态系统。②按照生态环境、地域范围、生物群落差异性等特征可以将海岛生态系统分为岛陆、潮间带、近海海域等生态子系统。我国《海岛保护法》所称海岛保护，是指海岛及其周边海域生态系统保护，无居民海岛自然资源保护和特殊用途海岛保护。

① 全永波，邱镜儒．基于生态系统的海岛资源管理制度完善[J]．浙江工业大学学报（社会科学版），2018(1):35．

② 尤联元，杨景春．中国地貌[M]．北京：科学出版社，2013:521．

由于海岛远离大陆，孤身处于海水包围之中，地域狭小，物种来源受限，生物多样性单一，种间竞争小，珍稀物种得以保存，成为物种的基因库；海岛独特的地理位置使其成为海鸟的栖息地及鱼类的产卵、繁殖场所和洄游通道等。虽然海岛生态系统具有海陆两相性，较为独特、相对完整，但也较为孤立、单一、脆弱，极易因为片面的污染和破坏导致整个岛的生态链条断裂，生态失衡。

（三）海岛生态修复

海岛生态修复是指对由于自然或人为原因而受到破坏的海岛，通过筑堤、补砂、疏浚等人工手段，恢复海岛优美的自然环境、建设海岛生态景观、建设海岛配套基础设施，实现海岛生态环境的改善，维护海岛的生态安全。海岛修复的主要对象是岛体、海岸线、沙滩、植被、淡水和周边海域等，围绕海岛的生态修复、形态恢复、基础设施改善和各种人文、自然景观的维护等内容开展。[①]

我国海岛开发的历史悠久，但是自古以来都是以渔业和农业为主，基本保持着原生态的海岛环境。近年来随着海洋时代的到来，海岛的政治、军事、经济作用越来越凸显，海岛开发利用的规模越来越大，尤其是对于一些无居民小岛的开发表现出无序、乱象的状态，填海连岛、炸岛炸礁、围海造地、采挖砂石等活动急剧改变着海岛的地形、地貌，海岸线侵蚀严重。倾倒垃圾、采伐红树林、珊瑚礁及滥捕海鸟等生物资源使海岛生态破坏严重；部分海岛面积日益缩小，我国海岛正以惊人的速度消失，严重影响了我国领海基点的安全。[②]由于海岛生态脆弱，环境承载力低，人类粗放的开发活动对海岛的生态影响非常大，海岛生态修复难度也很大。千万年来，海岛均以自然原生的状态存在于世，海岛本身的陆地有限，多数海岛面积狭窄，易受地震、台风的影响，对于经济的作用似乎有限，更多的是政治和军事、科研和生态安全的意义。海岛尤其是小型岛屿肩负的使命和角色不应当是支撑经济开发，而海岛的生态保护和经济开发之间的矛盾对冲性不应那么明显。尤其是“金山银山不如绿水青山”的生态发展理念指导之下，人们必须以生态海岛建设为目标，保护海岛生态环境，对于已经遭受损害的海岛生态开展生态修复，构筑海岛的生态安全屏障。

二、我国海岛生态修复的立法

① 吴珊珊，刘智训．关于海岛生态整治修复及保护项目的思考和建议[J]．海洋开发与管理，2013(4):9.

② 李巍．基于生态安全的海岛保护法律制度完善[J]．延边党校学报，2018(5):62.

《海洋环境保护法》是海洋生态环境保护的基本法，具备综合法性质。其第二十六条是关于海岛生态保护的专门性条款。[①]本法第二十二条规定，对有特殊保护价值的海岛要建立自然保护区加以保护。第二十条规定，国务院和沿海地方各级人民政府应当采取有效措施，保护海岛等具有较高生态价值的生态系统，对已遭到破坏的海洋生态，应当进行整治和恢复，这是本法关于海岛生态修复的基本法律依据。

在《中华人民共和国海岛保护法》（2010 年）之前，我国的海岛保护工作主要是依据《海洋环境保护法》和《海域使用管理法》以及国家海洋局关于海洋保护与管理方面的政策、法规；在土地、矿产和渔业等涉海法律中，也有海岛保护和管理的内容；地方层面主要是沿海省市相继出台的一些政策和措施。2010 年实施的《海岛保护法》作为一部综合性的海岛保护及管理法律，其实施标志着我国海岛保护和管理具有了专门的法律规制，开创了海岛保护和管理新格局。

《海岛保护法》第二十一条规定了国家安排专项资金支持海岛的保护和海岛生态修复。本法第二十五条规定了在有居民海岛进行工程建设造成生态破坏的，应当负责修复；无力修复的，由县级以上人民政府指定其他专业部门组织修复，修复费用按责任原则由造成海岛生态破坏的单位、个人承担。对于无居民海岛和特殊用途海岛，本法虽然规定了从事开发利用活动，应当采取严格的生态保护措施，避免造成海岛及其周边海域生态系统破坏，但是却没有明文规定生态修复的内容。对比本法对有居民海岛生态修复的明确表述，这样的规定易给人造成无居民海岛和特殊用途海岛是不需要进行生态修复的，或者生态修复的要求并不严格，尚不需法律明确规定的错觉。

《海岛保护法》出台之后，原国家海洋局和沿海省市也相继出台了配套的政策、制度和标准，如国家海洋局《全国海岛保护规划》（2012 年）等，以保障该法的贯彻落实。

除了上述法律规定之外，国务院、国家海洋局也出台了一些和海岛生态修复有关的法规。

2010 年 10 月，国家海洋局发布《关于开展海域海岛海岸带整治修复保护工作的若干意见》，在海岛生态修复方面，对编写海岛整治修复保护规划、制订海岛整治修复保护计划、海岛整治修复保护项目的管理、编制海岛整治修复

① 吴珊珊，刘智训．关于海岛生态整治修复及保护项目的思考和建议[J]．海洋开发与管理，2013(4):9.

保护项目实施方案、海岛整治修复保护项目的经费保障以及海岛整治修复保护项目的检查验收六个方面作出了具体明确的要求，具有较强的可执行性和可操作性，有力保障了海岛生态修复。

2012 年 1 月，国家海洋局发布《海岛生态整治修复技术指南》，不仅阐述了海岛整治修复的背景、现状和意义，海岛整治修复的基本理论和国内外研究概况，海岛整治修复的原则、类型、内容、工作流程、实施方案等，还针对连岛坝工程整治、海岸与边坡加固、海岛水资源保护与利用、海岛土壤改造、岛陆植被修复、海岛红树林生态修复等 12 种海岛整治修复关键技术的适用条件、一般原则、方案编制、处理方法与设施、具体实施程序、成效评估等作了详细讲解。此外，还对国内外海岛整治修复的典型案例进行了归纳与介绍。

此外，2016 年《国务院关于加强滨海湿地保护严格管控围填海的通知》规定为了保护包括珊瑚礁岛在内的滨海湿地（包括海岛的滨海湿地），对围填海项目进行管控；2016 年国务院发布的《湿地保护修复制度方案》提出了各项针对海岛湿地等具有重要生态价值的湿地保护的具体方案。

三、我国海岛生态修复的实践

1988 年我国开展首次全国海岛资源综合调查，但是海洋生态修复工作开展较晚，这是因为大规模的海岛开发建设活动近年来才呈愈演愈烈之势，2010 年我国的海洋生态修复正式启动。2010 年 5 月 18 日，国务院财政部和原国家海洋局经济建设财政部门联合印发《关于组织申报 2010 年度中央分成海域使用金支出项目的通知》（财建便函〔2010〕83 号），通过了“中央分成海域使用金”支持地方沿海实施海洋生态修复项目。①

为落实《中华人民共和国海岛保护法》第二十一条“国家安排海岛保护专项资金，用于海岛的保护、生态修复和科学研究活动”的规定，自 2012 至 2014 年，中央设立海岛保护专项资金，支持地方实施海岛生态修复示范与领海基点保护试点项目。2015 年，海岛保护专项资金与中央分成海域使用金合并成为“中央海岛和海域保护资金”。2016—2017 年，《国家十三五规划纲要》和党的十八届五中全会要求“开展蓝色海湾整治行动”，开展海洋生态修复。中央财政对沿海城市开展生态修复给予奖补支持，统筹支持地方实施“蓝色海湾”“南红北柳”和“生态岛礁”等重大修复工程。截至 2016 年年底，国家财

① 张志卫，刘志军，刘建辉．我国海洋生态保护修复的关键问题和攻坚方向[J]. 海洋开发与管理，2018(10):27.

政投入资金 44 亿元、地方资金 32 亿元、企业出资约 3 亿元，用于支持海岛生态整治修复项目 183 个。截至 2017 年年底，全国整治修复海岛近 60 个。我国已建立涉及约 2 300 个海岛的各类保护区 186 个，包括海洋自然保护区 84 个、海洋特别保护区 71 个（含海洋公园）、水产种质资源保护区 13 个、湿地公园 7 个、地质公园 2 个和其他类型保护区 9 个；按保护区等级划分，包括国家级保护区 67 个、省级保护区 57 个、市级保护区 30 个和县级保护区 32 个。[①]2018 年，国务院进行机构改革，明确了自然资源部的生态修复职能，包括海岛生态修复的海洋生态修复工作由该部门统筹负责。

根据《海岛保护法》的规定，我国实行海岛保护规划制度，目前共分为国家、省、市、县 4 级保护规划体系。各级海洋主管部门围绕合理开发利用、维护海岛生态安全的命题，开展了海岛岛体景观修复与建设、“生态岛礁”工程建设和海洋保护区建设等一系列建设、修复项目。根据项目内容不同，海岛生态修复实践主要包括以下几个方面。

（1）海岛生态景观修复

通过海岛岛体修复、种植植被、整治岸线、修整沙滩或海岸、拆除养殖池和废旧设施进行海岛生态景观修复。例如，具有重要生态旅游价值的辽宁锦州大笔架山岛、河北唐山菩提岛、浙江舟山岛、福建厦门鼓浪屿、福建平潭岛等岛屿的生态修复。

（2）海岛基础设施建设

通过整治码头、桥梁、护岸、防浪堤、输水管道、海水淡化设施、垃圾处理厂（站）、污水处理厂（站）工程，修建环保厕所，地质灾害防治工程等修复措施加强海岛基础设施建设，改变海岛无序、无度开发利用的脏、乱、差的局面，打造宜居、宜游海岛。例如，辽宁大连獐子岛、山东烟台长岛、江苏秦山岛、浙江洞头岛和广东南澳岛等岛屿的生态修复。

（3）基于生态安全的生态保护区建设

对于生态极其脆弱或者生态环境特殊、一旦破坏不可再生的无居民海岛、领海基点所在海岛，划定生态红线，建立自然保护区特别加以保护。通过保护区建设，形成基于生态安全的海岛生态利用、管理模式。为了保护具有重要生态、科研价值的海洋资源，国家首批设立了五个自然保护区，其中海岛型自然保护区包括海南省万宁县大洲岛、海南省三亚市三亚珊瑚礁岛、浙江省温州市

① 孙湫词，谭勇华，李家彪．新时代我国海岛的生态保护和开发利用[J]．海洋开发与管理，2018(8):24.

南麂列岛三个自然保护区。建立海洋生态自然保护区是保护、修复具有重要价值的海洋生态的重要手段。

通过海岛生态修复实践，促进了我国海岛开发利用方式从传统的“粗放型、破坏型、掠夺型”逐步向“集约型、保护型、赋予型”转变，促进了海岛生态系统的良性循环和人海关系的和谐。①

四、我国海岛生态修复的制度方向

（一）强化生态修复规划和计划制度

相比于广袤的内地，狭小海岛的生态系统可谓“精致”，更具整体性。不同海域的海岛，生态系统结构和功能大不相同。有的海岛砂石遍地，人迹罕至；有的海岛树木葱茏，鸟语花香；有的海岛淡水缺乏，生态贫瘠；有的海岛降水丰沛，水源充足；有的海岛为珊瑚岛礁，生物资源极其丰富；有的岛礁历史文化遗迹众多……不同海岛的生态表现不同，生态地位不同，生态损害方式和受损程度不同，决定了对它们进行生态修复的内容也不同。因此，人们必须根据不同海岛的实际情况，做好生态修复规划和计划，这是开展生态修复的前提。

根据国务院《关于开展海域海岛海岸带整治修复保护工作的若干意见》的规定，“县级（或市级）海洋主管部门应在充分调查研究、全面了解本辖区内海域、海岛和海岸带资源环境现状及生态系统现状详细情况的基础上，依据海洋功能区划、海岛保护规划、海洋环境保护规划，编写本地区《海域海岛海岸带整治修复保护规划建议》。”海岛生态修复规划要结合本岛的生态地位和生态修复的目的制定。生态修复一般基于以下目的：①维护国防安全，尤其针对领海基点所在岛而言，这是首要目的。②改善海岛生产生活环境，改善基础设施，关注民生。这主要是针对较大的有人类定居的岛屿，此乃主要目的。③恢复优美的自然景观和文化景观，此乃重要目的。

相关部门应开展海岛生态本底调查，充分掌握本岛海岸线类型及其分布，滩涂、湿地、物种资源情况以及开发利用情况和存在的生态问题。在此基础上，编制具有针对性的海岛空间规划图以及海岛概念性景观规划图、可开发利用无居民海岛保护和利用规划图或有居民海岛控制性空间规划图。②要在规划图中对修复项目的位置、类型、内容、规模、措施和要达到的目标作出明确的说明。

① 孙湫词，谭勇华，李家彪．新时代我国海岛的生态保护和开发利用[J]．海洋开发与管理，2018(8):24.

② 刘大海，欧阳慧敏，刘志军．关于建立“岛长制”的探索研究[J]．海洋开发与管理，2018(2):25.

（二）实施严格的过程管理和监督检查制度

严格的过程管理和监督检查是保障能够切实按照规划、计划方案、前期技术论证报告、环评报告等开展海岛生态修复并实现修复效果的有力的过程保障手段。目前的海岛开发利用中仍存在着海岛基础数据不完整、数据不真实、透明度不够、定期巡查做得不到位等问题。制度无保障、监管不到位的情况下，在生态修复过程中是否能够按照生态修复方案的内容实施很难把握。加之海岛生态环境客观上存在大风、大浪、潮汐的自然力作用，会影响生态修复的实际效果。比如，在一些沙滩修复中采用补沙的方式，但是由于海浪、潮汐的作用、海水的流动和难以提前很久预测的台风和风暴潮，补的沙可能会被冲进大海或者被风卷走，实际补沙效果大打折扣，实际补沙的数量很难检查；再如，修复岛陆的树木草坪等绿植，可能会由于极端天气和客观环境的影响，难以成活。以上例子说明，人们就算按照修复方案采取了措施，但是如果缺乏经常性巡查的话，实际修复的数量和质量是难以核实的。因此，除了遵循现有的管理规定，监督修复单位按照修复计划和技术方案开展修复外，人们还应当增加巡查，实行全过程的跟踪、记录管理，确保实际的修复效果，确保国家财政资金落到实处，产生实在的海岛生态效益。

（三）推行“岛长”制度

“岛长制”的提法缘于我国已经实际开展的“河长制”“湖长制”“湾长制”。无论什么样的称谓，都反映了出于对某种自然环境要素保护、提高生态环境质量需要的一种责任制要求，由各级地方行政负责人对该环境要素的保护情况和质量情况负责，并作为政绩的内容纳入考核当中。

中共中央、国务院办公厅2016年12月印发了《关于全面推行河长制的意见》，2018年1月印发了《关于在湖泊实施湖长制的指导意见》，并发出通知，要求各地区各部门结合实际认真贯彻落实；国家海洋局2017年9月印发了《关于开展“湾长制”试点工作的指导意见》，要求推动“湾长制”试点工作在更大范围内、更深层次上加快推进，尽快形成可落地、可复制、可推广的制度建设模式。从最早的“河长制”到后来的“湖长制”“湾长制”，均有国家部门正式印发通知开展“试行”或者全面推行。“岛长制”虽然在一些地方实际开展，但是尚未有国家机关的明确规定，即在立法层面欠缺明确的制度性规定。

关于“河长制”“湖长制”“湾长制”的法规文件中，均载明了对生态质量负责的行政长官职责中有“生态修复”的要求。比如，要求积极有序推进生态恶化河流、湖泊的保护与修复，加快实施退田还湖还湿、退渔还湖，逐步恢复河湖水系的自然连通；加强河湖水生生物保护，增殖放流，提高水生生物多样性；进行生态岸线、绿化带、河湖湿地公园和水生生物保护区建设；加强海洋生态保护与修复，强化海洋保护区、海洋生态红线区管控，实施“蓝色海湾”“南红北柳”“生态岛礁”等整治修复工程。比照“河长”“湖长”“湾长”的生态修复职责的设定规定，“岛长”制也应有关于生态修复职责规定的必要性、合理性，或者说以“岛长制”作为海岛生态修复工作能够全面和实效开展的保障。

与广袤的陆地生态系统不同，海岛生态系统的形成具有高度的耦合性和有机统一性、综合性、整体性，各环境要素之间相互依存、相互制约。因此，应遵循海岛生态系统的自然规律，对海岛空间统筹管控、统一规划、整体保护和系统修复。设立一个能对海岛生态的方方面面负责的“岛长”，对于监管整个海洋生态修复以及全过程的生态文明绩效考核和责任追究制度体系具有重要作用。

“河长制”“湖长制”分别设立四级负责人制，即省、市、县、乡级。由于海岛并不像河流和湖泊具有流动性和跨区域性，因此不宜设立多级负责人制，以两级负责人制为宜，即海岛所在的县、乡两级行政负责人担任两级岛长，作为第一责任人对海岛生态修复工作负总责，同时可以再任命或者聘任“副岛长”（非行政职务，不负责行政事务，仅对生态保护负责）。这样既可以节省行政资源，也使管理更加直接到位。“岛长”对海岛生态保护工作应当是全面负责的。对于生态修复负责的内容应当包括组织编制生态修复规划、计划，牵头组织实施污染物清理、基础设施建设、海岛景观整治、自然岸线修复、生物多样性恢复等生态修复的内容；并负责组织日常巡查，做到全过程监管；积极推进生态保护补偿机制，完善生态绩效考核体系；协调因生态修复和海岛周边区域以及跨区域产生的利益冲突问题等。

总之，通过这种责任人负责制由“岛长”引领生态修复，全面推进环境优美、生态安全海岛建设。

（四）保障公众参与制度

1.公众参与的概念

公众参与是指对可能影响公众利益的决策、项目、执法等活动应当在活动开展前或者过程中，在实施者发布信息、保证公众知情权的前提下，允许、鼓励利害关系人甚至是一般的社会公众通过发表意见、阐述利益诉求等方式参与进来，以提高决策和执法的公正性、合理性的一系列制度和机制。公众参与是当前十分重要的问题，其核心是民主，是政府为了应付“政策失灵”损害公众利益，造成重大社会不公，引发公众不满而采取的必要对策。

2. 海岛生态修复公众参与的必要性

海岛保护中最突出的问题是海岛开发利用产生的经济利益需求与保护海岛生态环境、维护海岛生态安全的需求之间的矛盾，无论是海岛开发利用的制度设计，还是海岛生态保护的制度设计都必须审慎考虑，以平衡不同用岛主体的不同利益需求。海岛不同于大陆，人们在相当范围内的大陆上迁移定居，对生活影响不大。而海岛的面积多为狭窄，凡是生活在海岛上的居民要么是因为历史传统世代居住于此，习惯了海岛的生活、生态环境；要么是由于开发利用海洋的利益需求自主自动选择居住海岛，以便利用海洋资源，如一些由大陆来海岛的渔民。也就是说，无论从生存的历史传统还是利益的现实需要来看，这些海岛居民是不能也不会轻易离开海岛而移居他处的。无论是海岛开发利用还是生态保护措施都与海岛居民的关系最为密切，他们最敏感，参与开发与保护的热情也最高。因此，在海岛生态修复中也必须引入公众参与制度。对于无居民岛，其生态修复执法人力物力资源有限，单纯依靠政府监督、检查成本过高且效果有限，也需要引入公众参与，公众可建言建策并监督修复过程，核验修复结果。

目前《海岛保护法》和《海洋环境保护法》没有关于公众参与的规定，但是《环境影响评价法》（2003 年）第五条规定了环境影响评价中的公众参与；作为生态环境保护基本法的《环境保护法》（2015 年）则用专章规定了生态环境保护的公众参与，这些是海岛生态修复公众参与的法律依据。

3. 公众参与的保障机制

引入公众参与，形成政府与公众的互动，是保障海岛生态修复能够公平开展并取得实效的良策。所有公众参与的前提是参与生态修复的政府、部门和相关单位必须及时、公开、客观地发布和公众利益相关的不涉及保密范围的生态修复信息，这是义务性要求。在此前提下，具体从以下几个方面保障公众参与。

（1）提高公众参与意识

相关部门要加强海岛生态保护的公众宣传教育。参与公益的行为源于公益的动机，公益的动机源于公益的意识。因此，提高公众的海岛生态修复意识就是促进其实际参与生态修复活动的源头。相关部门可以通过网络、公众号、宣传板报、宣传册等形式宣传海岛生态破坏和生态修复对比的案例，让公众切身感受到海岛生态修复与自身利益的关联，产生参与热情。

（2）建立公众参与渠道

无论公众通过口头还是拨打热线电话、邮寄信件以及互联网提交举报等方式参与监督，有关部门都要及时、妥善处理，并保护好监督人的个人信息。比如，政府可以通过召开公众会 、听证会保障公众参与；保障公众（非个人）参与公益诉讼的权利。

（3）建设公众参与队伍

一是由岛民担任海岛民间岛长，赋予其监督职责，定期巡护，在民间岛长的带领下，利用公众的力量搜集海岛生态资源信息、监督生态修复。目前，三沙市西沙群岛的七连屿已经尝试民间岛长的实践。二是由地方政府主导，建立专门的民间海岛监督队伍。最好由具有奉献精神、大局意识、生态安全意识、一定的文化素养和相关法律法规知识的人员组成。海岛执法中可以由专家学者、环保团体、热心的群众共同构成监督队伍。

通过以上措施发挥民间力量的作用，可以增强其“主人公”的参与感和责任心，无形中也督促他们审视自身的不良行为，减少自身损害海岛生态环境的可能性。

参考文献

［1］ 张耀光 . 中国海洋经济地理学 [M]. 南京 : 东南大学出版社，2015.
［2］ 田启波 . 生态正义研究 [M]. 北京 : 中国社会科学出版社，2016.
［3］ 王冠玺 . 中国滨海地区法律问题研究 [M]. 杭州 : 浙江大学出版社，2016.
［4］ 江山 . 制度文明 [M]. 北京 : 中国政法大学出版社，2005.
［5］ 希尔 . 生态价值链 : 在自然与市场中建构 [M]. 胡颖廉，译 . 北京 : 中信出版社，2016.
［6］ 胡安水 . 生态价值概论 [M]. 北京 : 人民出版社，2013.
［7］ 汪劲著 . 环境法律的解释 : 问题与方法 [M]. 北京 : 人民法院出版社，2006.
［8］ 向俊杰 . 我国生态文明建设的协同治理体系研究 [M]. 北京 : 中国社会科学出版社，2016.
［9］ 李光禄，刘明明 . 差别生态责任研究 [M]. 北京 : 中国政法大学出版社，2016.
［10］ 徐祥民，李冰强 . 渤海管理法的体制问题研究 [M]. 北京 : 人民出版社，2011.
［11］ [美] 奥兰・扬 . 直面环境挑战 : 治理的作用 [M]. 赵小凡，邬亮，译 . 北京 : 经济科学出版社，2014.
［12］ 刘岩，郑苗壮，朱璇，等 . 世界海洋生态环境保护现状与发展趋势研究 [M]. 北京 : 海洋出版社，2017.
［13］ 蔡守秋 . 基于生态文明建设的法理学 [M]. 北京 : 中国法制出版社，2014.
［14］ 蔡守秋 . 生态文明建设的法律和制度 [M]. 北京 : 中国法制出版社，2017.
［15］ 蔡守秋 . 调整论 : 对主流法理学的反思与补充 [M]. 北京 : 高等教育出版社，2003.
［16］ 葛洪义 . 法理学 [M]. 北京 : 中国人民大学出版社，2011.
［17］ 李清伟 . 法理学 [M]. 上海 : 格致出版社、上海人民出版社，2013.
［18］ 田其云 . 我国海洋生态恢复法律制度研究 [M]. 北京 : 中国政法大学出版社，2011.
［19］ 李林，莫纪宏 . 中国法律制度 [M]. 北京 : 中国社会科学出版社，2014.

［20］陈海嵩．解释论视角下的环境法研究 [M]. 北京：法律出版社，2016.

［21］秦天宝．境法——制度・学说・案例 [M]. 武汉：武汉大学出版社，2013.

［22］江家栋，曹海宁，阮智刚．中外海洋法律与政策比较研究 [M]. 北京：中国人民公安大学出版社，2014.

［23］竺效．生态损害的社会化填补法理研究 [M]. 北京：中国政法大学出版社，2007.

［24］杜健勋．环境利益分配法理研究 [M]. 北京：中国环境出版社，2013.

［25］姚瑞华，赵越，王东，等．陆海统筹的生态系统保护修复和污染防治区域联动机制研究 [M]. 北京：中国环境出版社，2017.

［26］张景明．和谐理念下环境法律关系研究 [M]. 北京：知识产权出版社，2015.

［27］卢洪友．外国环境公共治理：理论、制度与模式 [M]. 北京：中国社会科学出版社，2014.

［28］李嵩誉．无居民海岛立法的生态保护优先与制度设计 [M]. 北京：经济科学出版社，2016.

［29］靳利华．生态文明视域下的制度路径研究 [M]. 北京：社会科学文献出版社，2014.

［30］石洪华，丁德文，霍元子，等．基于陆海统筹的我国海洋生态文明建设战略研究 [M]. 北京：海洋出版社，2017.

［31］弗里德曼．法律制度：从社会科学角度观察 [M]. 李琼英，林欣，译．北京：中国政法大学出版社，1994.

［32］应松年．行政法学新论 [M]. 北京：中国方正出版社，1999.

［33］夏光，李丽平，高颖楠．国外生态环境保护经验与启示 [M]. 北京：社会科学文献出版社，2017.

［34］孙书存，包维楷．恢复生态学 [M]. 北京：化学工业出版社，2005.

［35］钭晓东．论环境法功能之进化 [M]. 北京：科学出版社，2008.

［36］党小虎．黄土丘陵区生态恢复的生态经济过程及效应评价 [M]. 北京：中国环境科学出版社，2012.

［37］党晶晶．黄土丘陵区生态修复的生态－经济－社会协调发展评价 [M]. 北京：科学出版社，2016.

［38］吴贤静．“生态人”环境法上的人之形象 [M]. 北京：中国人民大学出版社，2014.

［39］庄玉乙，胡蓉，游宇．环保督察与地方环保部门的组织调适和扩权——以

H 省 S 县为例 [J]. 公共行政评论，2019（2）:6.
[40] 刘超 . 环境修复审视下我国环境法律责任形式之利弊检讨——基于条文解析与判例研读 [J]. 地质大学学报（社会科学版），2016(3):4.
[41] 吴鹏 . 生态修复法律责任之偏见与新识 [J]. 中国政法大学学报，2017(1):110.
[42] 李挚萍 . 环境修复的司法裁量 [J]. 中国地质大学学报 (社会科学版)，2014(7):22.
[43] 艾晓燕，徐广军 . 基于生态恢复与生态修复及其相关概念的分析 [J]. 黑龙江水利科技，2010(3):46.
[44] 于文轩 . 美国水污染损害评估法制及其借鉴 [J]. 中国政法大学学报，2017(1):117.
[45] 王斌 . 日本的海洋生态监测和保护 [J]. 海洋信息，2002(2):21–22.
[46] 李潇，杨翼，杨璐，等 . 海洋生态环境监测体系与管理对策研究 [J]. 环境科学与管理，2017(8):132–133.
[47] 张宇庆 . 现有行政监督法律模式对海洋环境监管体制的启示 [C]// 中国环境资源法学研究会 .2013 年全国环境资源法学研讨会（年会）论文集 [Z]. 北京 : 中国环境资源法学研究会，2013:439–443.
[48] 杨一 . 渤海湾天津海域海洋环境污染防治策略探讨 [J]. 海洋环境科学，2016(2):53.
[49] 姜欢欢，温国义，周艳荣，等 . 我国海洋生态修复现状、存在的问题及展望 [J]. 海洋开发与管理，2013(1):38.
[50] 丰爱平，刘建辉 . 海洋生态保护修复的若干思考 [J]. 生态修复，2019(2):30.